中华人民共和国
反电信网络诈骗法

注释本

法律出版社法规中心 编

法律出版社
LAW PRESS CHINA
·北京·

图书在版编目（CIP）数据

中华人民共和国反电信网络诈骗法注释本／法律出版社法规中心编. -- 北京：法律出版社，2025. （法律单行本注释本系列）. -- ISBN 978 - 7 - 5197 - 9569 - 6

Ⅰ. D924.335

中国国家版本馆 CIP 数据核字第 20242T4C23 号

中华人民共和国反电信网络诈骗法注释本
ZHONGHUA RENMIN GONGHEGUO
FAN DIANXIN WANGLUO ZHAPIAN FA
ZHUSHIBEN

法律出版社法规中心 编

责任编辑 赵雪慧
装帧设计 李　瞻

出版发行　法律出版社	开本　850 毫米 × 1168 毫米　1/32
编辑统筹　法规出版分社	印张　6　　　字数　180 千
责任校对　张红蕊	版本　2025 年 1 月第 1 版
责任印制　耿润瑜	印次　2025 年 1 月第 1 次印刷
经　　销　新华书店	印刷　北京盛通印刷股份有限公司

地址：北京市丰台区莲花池西里 7 号（100073）
网址：www.lawpress.com.cn　　　　销售电话：010 - 83938349
投稿邮箱：info@lawpress.com.cn　　客服电话：010 - 83938350
举报盗版邮箱：jbwq@lawpress.com.cn　咨询电话：010 - 63939796
版权所有·侵权必究

书号：ISBN 978 - 7 - 5197 - 9569 - 6　　定价：20.00 元
凡购买本社图书，如有印装错误，我社负责退换。电话：010 - 83938349

编辑出版说明

现代社会是法治社会,社会发展离不开法治护航,百姓福祉少不了法律保障。遇到问题依法解决,已经成为人们处理矛盾、解决纠纷的不二之选。然而,面对纷繁复杂的法律问题,如何精准、高效地找到法律依据,如何完整、准确地理解和运用法律,日益成为人们"学法、用法"的关键所在。

为了帮助读者快速准确地掌握"学法、用法"的本领,我社开创性地推出了"法律单行本注释本系列"丛书,至今已十余年。本丛书历经多次修订完善,现已出版近百个品种,涵盖了社会生活的重要领域,已经成为广大读者学习法律、应用法律之必选图书。

本丛书具有以下特点:

1. 出版机构权威。成立于1954年的法律出版社,是全国首家法律专业出版机构,始终秉承"为人民传播法律"的宗旨,完整记录了中国法治建设发展的全过程,享有"社会科学类全国一级出版社"等荣誉称号,入选"全国百佳图书出版单位"。

2. 编写人员专业。本丛书皆由相关法律领域内的专业人士编写,确保图书内容始终紧跟法治进程,反映最新立法动态,体现条文本义内涵。

3. 法律文本标准。作为专业的法律出版机构,多年来,我社始终使用全国人民代表大会常务委员会公报刊登的法律文本，积淀了丰富的标准法律文本资源，并根据立法进度及时更新相关内容。

4. 条文注解精准。本丛书以立法机关的解读为蓝本，给每个条文提炼出条文主旨，并对重点条文进行注释，使读者能精准掌握立法意图，轻松理解条文内容。

5. 配套附录实用。书末"附录"部分收录重要的相关法律、法规、司法解释和典型案例，使读者在使用中更为便捷，使全书更为实用。

需要说明的是，本丛书中"适用提要""条文主旨""条文注释"等内容皆是编者为方便读者阅读、理解而编写，不同于国家正式通过、颁布的法律文本，不具有法律效力。本丛书不足之处，恳请读者批评指正。

我们用心打磨本丛书，以期为法律相关专业的学生释法解疑，致力于为每个公民的合法权益撑起法律的保护伞。

法律出版社法规中心

2024 年 12 月

目 录

《中华人民共和国反电信网络诈骗法》适用提要 …………… 1

中华人民共和国反电信网络诈骗法

第一章 总则………………………………………………………… 3
 第一条 立法目的及依据………………………………………… 3
 第二条 电信网络诈骗定义……………………………………… 4
 第三条 适用范围………………………………………………… 5
 第四条 基本原则………………………………………………… 6
 第五条 合法原则和保密义务…………………………………… 8
 第六条 各方职责………………………………………………… 9
 第七条 协同联动工作机制……………………………………… 10
 第八条 反电信网络诈骗宣传教育和防范……………………… 11
第二章 电信治理…………………………………………………… 12
 第九条 电话用户实名制………………………………………… 12
 第十条 电话卡数量限制和风险管理…………………………… 13
 第十一条 监测识别处置涉诈异常电话卡……………………… 15
 第十二条 物联网卡管理………………………………………… 16
 第十三条 改号电话、虚假和不规范主叫防治………………… 18
 第十四条 涉诈非法设备、软件防治…………………………… 19
第三章 金融治理…………………………………………………… 21
 第十五条 金融业务尽职调查…………………………………… 21
 第十六条 开户数量和风险管理措施…………………………… 23
 第十七条 企业账户管理措施…………………………………… 24

第十八条　监测、识别、处置涉诈异常账户和可疑
　　　　　　　交易 …………………………………………… 26
　　第十九条　交易信息透传 ……………………………… 29
　　第二十条　涉诈资金处置 ……………………………… 30
第四章　互联网治理 …………………………………………… 32
　　第二十一条　互联网实名制 …………………………… 32
　　第二十二条　监测识别、处置涉诈异常互联网账号 …… 34
　　第二十三条　移动互联网应用程序治理 ……………… 35
　　第二十四条　域名解析、域名跳转和网址链接转换
　　　　　　　　服务管理 ………………………………… 37
　　第二十五条　涉诈"黑灰产"防治和履行合理注意
　　　　　　　　义务 ……………………………………… 38
　　第二十六条　依法协助办案、移送涉诈犯罪线索和
　　　　　　　　风险信息 ………………………………… 41
第五章　综合措施 ……………………………………………… 42
　　第二十七条　公安机关打击职责 ……………………… 42
　　第二十八条　监督检查活动 …………………………… 43
　　第二十九条　个人信息保护 …………………………… 45
　　第三十条　宣传教育义务、举报奖励和保护 ………… 46
　　第三十一条　非法转让"两卡"惩戒措施 …………… 48
　　第三十二条　技术反制措施和申诉救济 ……………… 49
　　第三十三条　涉诈网络身份认证公共服务 …………… 51
　　第三十四条　预警劝阻和被害人救助 ………………… 52
　　第三十五条　特定风险防范措施 ……………………… 53
　　第三十六条　限制出境措施 …………………………… 54
　　第三十七条　国际合作 ………………………………… 55
第六章　法律责任 ……………………………………………… 56
　　第三十八条　从事电信网络诈骗活动的刑事责任和

　　　　　　　　行政责任……………………………………… 56
　　第三十九条　违反本法有关电信治理规定的处罚……… 57
　　第四十条　违反本法有关金融治理规定的处罚………… 60
　　第四十一条　违反本法有关互联网治理规定的处罚…… 62
　　第四十二条　从事涉诈黑灰产业的法律责任…………… 65
　　第四十三条　未履行合理注意义务的法律责任………… 66
　　第四十四条　非法转让电话卡、银行卡的法律责任…… 67
　　第四十五条　失职渎职或其他违反本法规定的行为
　　　　　　　　的刑事责任……………………………… 68
　　第四十六条　民事责任的衔接规定……………………… 69
　　第四十七条　公益诉讼…………………………………… 71
　　第四十八条　行政复议、行政诉讼……………………… 72
第七章　附则………………………………………………… 73
　　第四十九条　与其他法律衔接…………………………… 73
　　第五十条　施行日期……………………………………… 74

附　录

一、法律文件

中华人民共和国民法典（节录）(2020.5.28) ……………… 76
中华人民共和国刑法（节录）(2023.12.29 修正) ………… 77
中华人民共和国网络安全法(2016.11.7) ………………… 80
中华人民共和国个人信息保护法(2021.8.20) …………… 94
中华人民共和国反洗钱法(2024.11.8 修订) ……………… 108
最高人民法院、最高人民检察院关于办理诈骗刑事案件
　具体应用法律若干问题的解释(2011.3.1) ……………… 123
最高人民法院、最高人民检察院、公安部关于办理电信网
　络诈骗等刑事案件适用法律若干问题的意见(2016.
　12.19) ………………………………………………………… 125

最高人民法院、最高人民检察院、公安部关于办理电信网络诈骗等刑事案件适用法律若干问题的意见（二）（2021.6.17） ………………………… 133

最高人民法院、最高人民检察院、公安部关于办理信息网络犯罪案件适用刑事诉讼程序若干问题的意见（2022.8.26） ……………………………………………… 137

人民检察院办理网络犯罪案件规定（2021.1.22） …………… 142

二、典型案例

人民法院依法惩治电信网络诈骗犯罪及其关联犯罪典型案例（2022.9.6） ………………………………………… 156

依法惩治跨境电信网络诈骗及其关联犯罪典型案例（2024.7.26） ………………………………………… 168

《中华人民共和国反电信网络诈骗法》适用提要

2022年9月2日,第十三届全国人民代表大会常务委员会第三十六次会议审议通过了《反电信网络诈骗法》[①]。该法自2022年12月1日起施行。

制定出台《反电信网络诈骗法》,是贯彻落实习近平总书记重要指示批示和党中央决策部署的重大举措,是立法坚持以人民为中心的生动体现,是为预防和惩治电信网络诈骗工作提供法律支持的迫切需要。《反电信网络诈骗法》坚持统筹发展和安全,坚持源头治理、综合治理和防范性制度建设,坚持全链条治理和堵塞监管漏洞,坚持问题导向和结果导向,以"小切口"专门立法形式快节奏推进,是一部针对具体犯罪领域进行深入打击治理的专门性、综合性法律,是一部应对信息网络犯罪、探索数字安全治理的新兴领域立法,将为反电信网络诈骗工作提供全面有力的法治保障。《反电信网络诈骗法》共7章50条,主要内容是:压实各方面责任,特别是行业管理和企业防范责任;对电信、金融、互联网领域涉诈环节建立各项风险防范制度,加强电话卡、物联网卡、银行卡、支付账户、互联网账号等源头监管,加强涉诈异常监测识别处置责任和技术反制措施;加大对电信网络诈骗分子的各种惩处防范措施;

---

① 为方便读者阅读,本书中的法律法规名称均使用简称。

加强针对性宣传教育防范，以及相应法律责任等。

　　本法在立法技术和立法方式上有以下重要特征：首先，研究制定本法是"小快灵"立法的一次重要实践。2020年11月，中央全面依法治国工作会议提出，"要研究丰富立法形式，可以搞一些'大块头'，也要搞一些'小快灵'"。本法体现"小切口"，对关键环节、主要制度作出规定，建起"四梁八柱"，力求精准有效，条文数量不求多，立法进程快，是一部体现"小快灵"的立法，将进一步丰富全国人大常务委员会的立法形式。其次，研究制定本法是完善预防性法律制度建设的重要体现。本法体现的是源头治理、综合治理，侧重前端防范。再次，研究制定本法体现了急用先行，其他行业立法共同推进。本法虽然体量小，但涉及金融、通信、互联网、个人信息保护等领域，是一部集中全面、系统综合、针对性强的小法律，目的是满足当前迫切的立法需求，坚持急用先行。同时，其他有关行业针对电信网络诈骗的新情况、新问题在各自行业领域作出专门规范，也是必要的。专门立法与行业立法相互配套、共同发力，将为打击治理电信网络诈骗犯罪提供充分的法律制度供给。最后，本法作为一部新兴领域立法，立法技术上坚持粗细相宜。本法针对的网络空间新兴违法犯罪活动，不断翻新变化，规律也在不断变化。本法的立法过程坚持问题导向和结果导向，对能够明确的予以明确，对能够细化的予以细化，对一时难以看清的作出原则性或者授权性规定。本法通盘考虑各方面诉求，平衡各方面利益和责任，条文规定详略得当。本法有很多义务性规定，将来还需要主管部门出台相关配套规定。

中华人民共和国
反电信网络诈骗法

（2022年9月2日第十三届全国人民代表大会常务委员会第三十六次会议通过 2022年9月2日中华人民共和国主席令第119号公布 自2022年12月1日起施行）

第一章 总 则

第一条 【立法目的及依据】[①]为了预防、遏制和惩治电信网络诈骗活动，加强反电信网络诈骗工作，保护公民和组织的合法权益，维护社会稳定和国家安全，根据宪法，制定本法。

条文注释[②]

本条是关于立法目的及依据的规定。

本条包含以下几个方面的内容：第一，制定本法是"为了预防、遏制和惩治电信网络诈骗活动，加强反电信网络诈骗工作"。第二，制定本法是为了保护公民和组织的合法权益。电信网络诈骗活动侵害公民、组织的财产安全，保护人民群众财产安全是反电信网络诈骗工作的首要和根本目标。除了保护财产权益，反电信网络诈骗

[①][②] 条文主旨、条文注释为编者所加，下同。

工作还应当依照本法和其他有关法律规定,保护公民和组织的个人信息、个人隐私和商业秘密等安全。第三,制定本法是为了维护社会稳定和国家安全。电信网络诈骗严重危害人民群众的切身利益,伤害社会诚信体系,对国家政治安全和资金安全造成了威胁。第四,本法的立法根据是《宪法》。根据《宪法》是指根据《宪法》精神,实现《宪法》目的,贯彻实施《宪法》。

第二条 【电信网络诈骗定义】本法所称电信网络诈骗,是指以非法占有为目的,利用电信网络技术手段,通过远程、非接触等方式,诈骗公私财物的行为。

条文注释

本条是关于电信网络诈骗定义的规定。

本条包含以下三个方面的内容:

第一,电信网络诈骗必须是"以非法占有为目的""诈骗公私财物"的行为。电信网络诈骗本质上是诈骗的一种,电信网络诈骗犯罪必须符合诈骗罪的构成要件。"诈骗公私财物"既包括骗取公民个人财物,也包括骗取单位财物。

第二,"利用电信网络技术手段",是电信网络诈骗在手段方式上区别于普通诈骗的一个重要特征,也是称其为"电信网络诈骗"的原因。电信网络技术手段包括电信手段、网络手段以及电信网络手段的结合。本法主要是对电信网络诈骗进行打击治理,不涉及电信网络的范围界定和部门管理职责划分。从实践看,电信网络诈骗利用电信网络技术的手段通常包括:一是发送短信,二是拨打电话,三是通过微信等即时通信工具联系,四是通过互联网手段等。实际上,单纯利用一种手段实施电信网络诈骗的情况比较少,多是综合利用电信网络各类手段实施电信网络诈骗。

第三,"通过远程、非接触等方式"实施诈骗。电信网络诈骗通常是针对不特定人,按照事先设计好的诈骗脚本,利用掌握的一些公民个人信息,采取广撒网的方式在线上实施的诈骗活动。实践中,电信网络诈骗多以"远程、非接触方式"的形态呈现,而且线下的、接触式的诈骗可归于普通诈骗。但是,也不能一概将存在线下接触的诈骗都排除在电信网络诈骗之外,从而不适用本法规定。例如,在"杀猪盘"诈骗中,行为人以电信网络技术手段为主实施诈骗,为联系"感情"而见面,该情形也可适用本法规定。因此,本条在"远程、非接触"后增加了"等"字,对这种多种手段、方式融合的情况,以及随着实践发展可能出现的其他情况,在立法适用上保留了余地。

关联法规

《刑法》第266条

第三条 【适用范围】打击治理在中华人民共和国境内实施的电信网络诈骗活动或者中华人民共和国公民在境外实施的电信网络诈骗活动,适用本法。

境外的组织、个人针对中华人民共和国境内实施电信网络诈骗活动的,或者为他人针对境内实施电信网络诈骗活动提供产品、服务等帮助的,依照本法有关规定处理和追究责任。

条文注释

本条是关于本法适用范围的规定。

电信网络诈骗是行为人利用电信网络技术手段实施的一种新型犯罪,在诈骗行为、资金转移等方面都打破了地域和国家界限。本法适用于本国地域范围,同时根据惩治违法犯罪和保护本国公民、组织和国家利益的需要,也可采取其他管辖原则。

本条第1款包含以下两个方面的内容:第一,本法打击治理在中华人民共和国境内实施的电信网络诈骗活动。本法主要包括治理防范方面的规定,也包括一些打击方面的规定,无论是相关打击措施还是治理都适用本法的相应规定。这里的实施行为包括组织、领导、策划和具体实施、参与实施,以及其他帮助实施的行为。实施行为全部或者部分行为发生在境内,全部或者部分结果发生在境内的,都适用本法。第二,中华人民共和国公民在境外实施的电信网络诈骗活动适用本法。当前,我国一些地方的人员出境从事诈骗等非法活动的情况较为突出,甚至一些地方存在区域化、有组织化现象,他们利用境外监管治理不严和跨境执法难的情况,在境外组织人员、设立窝点,从事电信网络诈骗活动,不少人员滞留境外实施电信网络诈骗活动。因此,本款对我国公民在境外实施电信网络诈骗活动适用本法作出专门规定。

根据本条第 2 款的规定,适用域外管辖需要具备以下条件:一是行为主体是境外的组织、个人。二是行为方式是在境外实施电信网络诈骗活动,或者为他人针对境内实施电信网络诈骗活动提供产品、服务等帮助。三是行为对象是境内人员。此外,还有两种情形需要注意:一是境外人员利用我国通信、金融、互联网产品、服务在境外实施电信网络诈骗,如果损害了我国企业或者国家利益,也可适用本法。二是我国境内互联网企业在境外拓展业务或者设立的公司,不落实有关管理和防范制度的规定,造成其产品、服务被大量用于电信网络诈骗时也可依照本条第 2 款的规定适用本法,但必须是被利用针对境内实施诈骗,损害我国国家和公民利益,予以处罚的前提必须是明知相关产品、服务被用于电信网络诈骗而放任不管。

第四条 【基本原则】反电信网络诈骗工作坚持以人民为中心,统筹发展和安全;坚持系统观念、法治思维,注重源头治理、综合治理;坚持齐抓共管、群防群治,全面落实打防管控各项措施,加强社会宣传教育防范;坚持精准防治,保障正常生产经营活动和群众生活便利。

▶ 条文注释

本条是关于反电信网络诈骗工作基本原则的规定。
本条规定了反电信网络诈骗工作的四个基本原则。
一是反电信网络诈骗工作坚持以人民为中心,统筹发展和安全。反电信网络诈骗工作应当统筹好发展和安全这两件大事。通过立法从国家层面确立反电信网络诈骗工作的目标，系统性地开展预防和治理活动，维护良好的电信、金融、互联网环境，为社会发展提供良好的安全环境。

二是坚持系统观念、法治思维，注重源头治理、综合治理。"系统观念"，是指统筹考虑电信网络诈骗预防和治理，多部门、多环节、多主体共同参与完成。"法治思维"，是指用法治的方式认识、分析、处理工作过程中的各种问题。"源头治理"，是指将治理电信网络诈骗的工作着力点放到强化源头打击和防范上，治理关口前移，建立长效的"治本"机制。"综合治理"，是指要集中各职能部门和平台，依靠人民群众和社会各方面的力量，综合运用政治、经济、法律、行政、教育、文化等各种手段，对电信网络诈骗活动进行全链条的治理。

三是坚持齐抓共管、群防群治，全面落实打防管控各项措施，加强社会宣传教育防范。在落实反电信网络诈骗工作中，要进一步健全工作机制，明确各级人民政府及有关主管部门的职责，将电信业务经营者、银行业金融机构、非银行支付机构、互联网服务提供者等纳入电信网络诈骗防控责任体系，逐步形成紧密配合、通力协作、齐抓共管的工作格局；坚持"从群众中来，到群众中去"的群众工作路线，保障人民群众积极参与电信网络诈骗治理；要注重打防管控具体措施的落实，注重社会宣传教育的防范效果，通过法治宣传、以案释法等方式，开展反电信网络诈骗法治教育，将防范宣传责任落实到基层，完善涉电信网络诈骗举报渠道，增强和提升人民群众的防范意识和鉴别能力，形成全民反诈的社会氛围。

四是坚持精准防治，保障正常生产经营活动和群众生活便利。在电信网络诈骗犯罪预防和治理工作中，要在各环节贯彻科学精准的理念，对涉诈关联行为进行精准调查、精准监测，对违法犯罪行为进行精准认定、精准打击，对涉诈风险范围和人群进行精准划分、精准防范；相关部门在出台具体防治措施时应符合比例原则，充分考量该措施对人民群众正常生产生活的影响，将保障正常生产经营活动和群众生活便利作为出台的前提。

第五条 【合法原则和保密义务】反电信网络诈骗工作应当依法进行,维护公民和组织的合法权益。

有关部门和单位、个人应当对在反电信网络诈骗工作过程中知悉的国家秘密、商业秘密和个人隐私、个人信息予以保密。

条文注释

本条是关于反电信网络诈骗工作工作合法原则和保密义务的规定。

本条第1款主要规定了反电信网络诈骗工作的两点要求:一是反电信网络诈骗工作应当依法进行,二是反电信网络诈骗工作应当维护公民和组织的合法权益。电信网络诈骗对社会稳定、公共安全、公民人身财产权利安全具有重大威胁,强化反电信网络诈骗措施的实施,有效地防范和惩治电信网络诈骗活动,是国家维护公民和组织合法权益的一个重要方面。在立法方面,本法的制定为反电信网络诈骗工作提供了有力的法治保障和法律武器;在执法司法方面,各级人民政府、政法机关和其他有关部门都应当严格执行本法、《刑法》《刑事诉讼法》和其他法律法规的规定,依法开展反电信网络诈骗工作。

本条第2款是关于保护国家秘密、商业秘密和个人隐私、个人信息的规定。本款规定的"国家秘密",是指关系国家安全和利益,依照法定程序确定,在一定时间内只限一定范围的人员知悉的事项。本款规定的"商业秘密",是指不为公众所知悉、具有商业价值并经权利人采取相应保密措施的技术信息、经营信息等商业信息。技术信息包括技术配方、技术诀窍、工艺流程等。经营信息,是指采取什么方式进行经营等有关经营的重大决策以及与自己有业务往来的客户的情况等。本款规定的"个人隐私",是指公民不愿意公开的、与其人身权密切相关的、隐秘的事件或者事实,如个人财产、住址、生育能力、收养子女等。本款规定的"个人信息",是指以电子或者其他方式记录的能够单独或者与其他信息结合识别特定自然人的各种信息,包括自然人的姓名、出生日期、身份证件号码、生物识别信息、住址、电话号码、电子邮箱、健康信息、行踪信息等。

关联法规

《保守国家秘密法》第 2 条

《反不正当竞争法》第 9 条第 4 款

《民法典》第 1032 条、第 1034 条第 2 款

《个人信息保护法》第 4 条

第六条　【各方职责】国务院建立反电信网络诈骗工作机制,统筹协调打击治理工作。

地方各级人民政府组织领导本行政区域内反电信网络诈骗工作,确定反电信网络诈骗目标任务和工作机制,开展综合治理。

公安机关牵头负责反电信网络诈骗工作,金融、电信、网信、市场监管等有关部门依照职责履行监管主体责任,负责本行业领域反电信网络诈骗工作。

人民法院、人民检察院发挥审判、检察职能作用,依法防范、惩治电信网络诈骗活动。

电信业务经营者、银行业金融机构、非银行支付机构、互联网服务提供者承担风险防控责任,建立反电信网络诈骗内部控制机制和安全责任制度,加强新业务涉诈风险安全评估。

条文注释

本条是关于反电信网络诈骗工作各方职责的规定。

电信网络诈骗具有组织化、链条化、精准化、跨境实施等特征,因此,在反电信网络诈骗工作中,要进一步完善各方面制度,加强各项工作,形成打击治理电信网络诈骗的强大合力。各部门、各单位、各领域只有齐抓共管,完善各方面制度,加强各方面工作,特别是在信息共享、快速联动方面完善体制机制,系统集成作战,斩断电信网络诈骗犯罪链条,才能从根本上遏制电信网络诈骗犯罪。既要由国务

院建立起反电信网络诈骗工作机制,统筹协调打击治理工作,又要落实地方各级人民政府在各自行政区域内反电信网络诈骗工作的组织领导责任,确定反电信网络诈骗的目标任务和工作机制,开展综合治理。具体来讲,公安机关、金融、电信、网信、市场监管等有关部门要切实承担本行业领域反电信网络诈骗工作的监管主体责任;人民法院、人民检察院要充分发挥审判、检察职能作用,依法防范、惩治电信网络诈骗活动;电信业务经营者、银行业金融机构、非银行支付机构、互联网服务提供者要承担风险防控责任,建立反电信网络诈骗内部控制机制和安全责任制度,加强新业务涉诈风险安全评估。

第七条 【协同联动工作机制】有关部门、单位在反电信网络诈骗工作中应当密切协作,实现跨行业、跨地域协同配合、快速联动,加强专业队伍建设,有效打击治理电信网络诈骗活动。

条文注释

本条是关于反电信网络诈骗协同联动工作机制的规定。

本条对有关部门和单位提出了以下几点要求:

一是有关部门、单位在反电信网络诈骗工作中应当密切协作。有关部门、单位都要积极贯彻落实党中央决策部署,维护人民群众的幸福感、获得感、安全感,积极履行企业的社会责任,充分认识共同做好反电信网络诈骗工作的重大意义。有关部门、单位不能只局限于本部门局部、眼前的利益,要积极协作配合、互相补台,而不是各行其是、互相掣肘。

二是有关部门、单位要实现跨行业、跨地域协同配合、快速联动。有关部门、单位要在各级反电信网络诈骗工作机制的统筹协调下,打破行业、地域的局限,联合行动,共同发力,以快治快,形成全方位打击治理电信网络诈骗犯罪活动的局面。特别是在处置正在发生、即将发生的电信网络诈骗犯罪活动时,有关部门、单位要积极响应、严格落实、守土尽责。

三是有关部门、单位要加强反电信网络诈骗专业队伍建设。要通过学习培训、实战锻炼等多种方式,培养从事反电信网络诈骗宣传教育、技术防范、装备软件开发、案件侦查、审查起诉、审判等各环节工作的专门人才和专门队伍。

> **第八条 【反电信网络诈骗宣传教育和防范】** 各级人民政府和有关部门应当加强反电信网络诈骗宣传,普及相关法律和知识,提高公众对各类电信网络诈骗方式的防骗意识和识骗能力。
>
> 教育行政、市场监管、民政等有关部门和村民委员会、居民委员会,应当结合电信网络诈骗受害群体的分布等特征,加强对老年人、青少年等群体的宣传教育,增强反电信网络诈骗宣传教育的针对性、精准性,开展反电信网络诈骗宣传教育进学校、进企业、进社区、进农村、进家庭等活动。
>
> 各单位应当加强内部防范电信网络诈骗工作,对工作人员开展防范电信网络诈骗教育;个人应当加强电信网络诈骗防范意识。单位、个人应当协助、配合有关部门依照本法规定开展反电信网络诈骗工作。

条文注释

本条是关于反电信网络诈骗宣传教育和防范的规定。

本条第 1 款是关于各级人民政府和有关部门加强反电信网络诈骗宣传工作的规定。本款规定的责任主体是各级人民政府和有关部门。本款规定的宣传教育工作的内容是"加强反电信网络诈骗宣传,普及相关法律和知识,提高公众对各类电信网络诈骗方式的防骗意识和识骗能力"。各级人民政府和各有关部门都应当根据自身职责,开展多种形式的反电信网络诈骗宣传教育工作。

本条第 2 款是关于有关部门和村民委员会、居民委员会应当有针对性地开展反电信网络诈骗宣传教育的规定。本款规定的责任主体包括政府特定部门和村民委员会、居民委员会。政府特定部门包括教育行政、市场监管、民政等部门。本款规定的职责主要有两点：一是开展有针对性的精准反电信网络诈骗宣传教育，即根据电信网络诈骗受害群体的年龄、职业、地域分布等特征，直接参与并指导学校、养老服务机构等主体，加强对青少年、老年人等易受电信网络诈骗侵害的群体的有针对性的宣传教育，以精准宣传教育对抗犯罪团伙的精准诈骗，补齐和增强全民反诈的短板和弱项；二是开展反电信网络诈骗宣传教育进学校、进企业、进社区、进农村、进家庭等活动。

本条第3款是关于单位和个人加强防范电信网络诈骗的规定。单位应当加强内部防范电信网络诈骗工作，对工作人员开展防范电信网络诈骗教育；个人应当加强电信网络诈骗防范意识。单位、个人应当协助、配合有关部门依照本法规定开展反电信网络诈骗工作，既包括配合有关部门落实电信、互联网、金融等行业的防范措施，也包括配合公安、检察、审判机关的执法办案活动等。

第二章 电信治理

第九条 【电话用户实名制】 电信业务经营者应当依法全面落实电话用户真实身份信息登记制度。

基础电信企业和移动通信转售企业应当承担对代理商落实电话用户实名制管理责任，在协议中明确代理商实名制登记的责任和有关违约处置措施。

条文注释

本条是关于电话用户实名制的规定。

本条第1款是关于全面落实电话用户实名制的规定。根据本款规定，电信业务经营者应当依法全面落实电话用户真实身份信息登记制度。本款规定的电信业务经营者，主要是指经营固定电话和移动电话入网服务业务的企业，包括本条第2款规定的基础电信企业、移动通信转售企业及其代理商。本款规定的"依法",包括依据本法以及《网络安全法》《关于加强网络信息保护的决定》《电话用户真实身份信息登记规定》等法律法规和规范文件。

本条第2款是关于促进代理商落实电话用户实名制责任的规定。本款规定的直接责任主体是基础电信企业和移动通信转售企业。基础电信企业,是指提供公共网络基础设施、公共数据传送和基本话音通信服务的企业,主要包括中国移动、中国联通、中国电信等。移动通信转售企业,是指从移动网络的基础电信业务经营者处购买移动通信服务,重新包装成自有品牌并销售给最终用户的企业,目前是一些民营企业。

另外,在落实电话用户实名制过程中,电信业务经营者会掌握大量电话用户的个人信息,因此,在严格落实电话用户实名制要求的同时,也应当严格落实《个人信息保护法》《数据安全法》等规定,切实保护电话用户的个人信息安全。有关部门也应当对此加强监管,防范和惩治有关侵犯公民个人信息安全的违法犯罪行为。

关联法规

《全国人民代表大会常务委员会关于加强网络信息保护的决定》

《电话用户真实身份信息登记规定》

第十条 【电话卡数量限制和风险管理】办理电话卡不得超出国家有关规定限制的数量。

对经识别存在异常办卡情形的,电信业务经营者有权加强核查或者拒绝办卡。具体识别办法由国务院电信主管部门制定。

国务院电信主管部门组织建立电话用户开卡数量核验机制和风险信息共享机制,并为用户查询名下电话卡信息提供便捷渠道。

条文注释

本条是关于电话卡数量限制和风险管理的规定。

本条第1款是关于电话卡数量限制的规定。国家有关规定限制的数量，是指有关法律、行政法规、规章等对用户办理电话卡限制的数量。本法对发卡的具体数量没有作出规定，而是授权有关部门根据我国经济社会发展的实际，认真平衡发展与安全，确定具体的发卡数量限制。

本条第2款是关于异常办卡情形识别和处理的规定。为解决实践中存在的电话卡"实名不实人"问题，确保实名制的有效落实，本款赋予了电信业务经营者进行二次核验的职责，即经识别存在异常办卡情形的，电信业务经营者有权加强核查或者拒绝办卡。本款还规定，具体识别办法由国务院电信主管部门制定，为主管部门制定识别的具体办法留出空间。国务院电信主管部门目前是指工业和信息化部。具体识别办法应当对识别的具体措施和工作机制，以及发生错误识别的救济渠道、程序等作出具体规定。

本条第3款规定了国务院电信主管部门的三项职责。一是组织建立电话用户开卡数量核验机制，即组织建立为加强电话卡风险管理，防范和打击电信网络诈骗等利用电话卡进行的违法犯罪活动，由有关部门等对用户办理电话卡的数量进行核查的机制。二是组织建立电话用户风险信息共享机制，即组织建立跨部门、单位的与电话用户开卡有关的涉电信网络诈骗活动等风险信息共享机制，打破信息壁垒，为防范和打击电信网络诈骗活动提供信息支撑。三是为用户查询名下电话卡信息提供便捷渠道，即为电话用户查询本人名下办理的电话卡数量、号码等情况提供跨运营商的便捷查询渠道，便于用户防范本人名下的电话卡被用于电信网络诈骗等违法犯罪活动。

关联法规

《最高人民法院、最高人民检察院、公安部、工业和信息化部、中国人民银行关于依法严厉打击惩戒治理非法买卖电话卡银行卡违法犯罪活动的通告》

《最高人民法院、最高人民检察院、公安部、工业和信息化部、中

国人民银行、中国银行业监督管理委员会关于防范和打击电信网络诈骗犯罪的通告》

> **第十一条 【监测识别处置涉诈异常电话卡】**电信业务经营者对监测识别的涉诈异常电话卡用户应当重新进行实名核验,根据风险等级采取有区别的、相应的核验措施。对未按规定核验或者核验未通过的,电信业务经营者可以限制、暂停有关电话卡功能。

条文注释

本条是关于电信业务经营者监测识别处置涉诈异常电话卡的规定。

本条包含以下三点内容:第一,电信业务经营者负有监测识别涉诈异常电话卡的职责。本条规范的是已经办理的电话卡中,经电信业务经营者监测识别存在涉诈异常情形的电话卡。第二,电信业务经营者对涉诈异常电话卡用户应当重新进行实名核验。对监测识别出的涉诈异常电话卡用户,电信业务经营者应当根据风险等级采取有区别的、相应的,而非"一刀切"的、单一的实名核验措施。第三,电信业务经营者对未按规定核验或者核验未通过的电话卡,采取限制、暂停有关电话卡功能的措施。根据2021年工业和信息化部、公安部发布的《关于依法清理整治涉诈电话卡、物联网卡以及关联互联网账号的通告》的规定,高风险电话卡在规定期限内未核验或未通过核验的,暂停电话卡功能。

在本条的理解适用中,需要注意以下两个方面的问题:

第一,本条规范的对象是涉诈异常电话卡。与涉诈电话卡已经确定是用来实施电信网络诈骗不同,涉诈异常电话卡是因为具有一些异常情况而被监测识别出来,法律要求对其重新进行实名核验。因数据模型无法做到百分之百精准研判,可能会"误伤"到一些电话卡用户,对此,本法第32条第3款规定了救济措施,即被处置对象可以向作出决定或者采取措施的部门、单位提出申诉,作出决定的部门、单位应当建立完善申诉渠道,及时受理申诉并核查,核查通过的,应当立即解除有关措施。2021年工业和信息化部、公安部发布的《关于依法清理整治涉诈电话卡、物联网卡以及关联互联网账号的通告》中也规定,高风险电话卡用户在规定期限内未核验或未通过核验的,暂停电话卡功能,有异议的可进行投诉反映,经核验通过的恢复功能。

第二,电信业务经营者应当根据电信网络诈骗发展变化的情况、特点,不断改进完善、更新升级监测识别涉诈异常电话卡的模型、系统,提高识别的准确性,避免"误伤"给用户工作生活带来不便、造成损失。

关联法规

《工业和信息化部、公安部关于依法清理整治涉诈电话卡、物联网卡以及关联互联网账号的通告》

《工业和信息化部关于贯彻落实〈反恐怖主义法〉等法律规定进一步做好用户真实身份信息登记工作的通知》

《最高人民法院、最高人民检察院、公安部、工业和信息化部、中国人民银行、中国银行业监督管理委员会关于防范和打击电信网络诈骗犯罪的通告》

第十二条 【物联网卡管理】电信业务经营者建立物联网卡用户风险评估制度,评估未通过的,不得向其销售物联网卡;严格登记物联网卡用户身份信息;采取有效技术措施限定物联网卡开通功能、使用场景和适用设备。

单位用户从电信业务经营者购买物联网卡再将载有物联网卡的设备销售给其他用户的,应当核验和登记用户身份信息,并将销量、存量及用户实名信息传送给号码归属的电信业务经营者。

电信业务经营者对物联网卡的使用建立监测预警机制。对存在异常使用情形的,应当采取暂停服务、重新核验身份和使用场景或者其他合同约定的处置措施。

【条文注释】

本条是关于物联网卡管理的规定。

物联网是以感知技术和网络通信技术为主要手段,实现人、机、物的泛在连接,提供信息感知、信息传输、信息处理等服务的基础设施。物联网卡是基于蜂窝移动通信网络,采用物联网专用号码作为终端业务号码,承载于物联网移动核心网专用网元上,用于物与物、物与人通信的用户识别卡。

本条第1款是关于电信业务经营者销售物联网卡时应当履行的义务的规定。本款包含以下三个方面的内容:第一,电信业务经营者建立物联网卡用户风险评估制度。关于物联网卡用户风险评估制度,目前工业和信息化部已作出了一系列规定和要求,如2020年4月工业和信息化部办公厅发布的《关于加强物联网卡安全管理工作的通知》,2020年8月工业和信息化部网络安全管理局印发的《物联网卡安全分类管理实施指引(试行)》。第二,电信业务经营者严格登记物联网卡用户身份信息。本款规定的用户,主要是指从电信业务经营者处购买物联网卡的单位用户。对单位购买物联网卡进行实名登记,有利于从源头上遏制利用物联网卡实施电信网络诈骗活动。第三,电信业务经营者应当根据单位用户购买物联网卡的用途等实际情况,采取有效技术措施对物联网卡的开通功能、使用场景和适用设备作出一定的限制,以防止物联网卡被用来进行电信网络诈骗。

本条第2款是关于单位用户将载有物联网卡的设备销售给其他用户时应当履行的义务的规定。本款包含以下两个方面的内容:第一,单位用户将载有物联网卡的设备销售给其他用户的,应当核验和登记用户身份信息,实现最终使用人的实名登记。第二,单位用户将载有物联网卡的设备销售给其他用户,除核验和登记用户身份信息外,还应当将销售载有物联网卡的设备的数量、尚未销售的载有物联网卡的设备的数量以及用户实名信息传送给号码归属的电信业务经营者,即物联网卡所属的中国移动、中国联通、中国电信等基础电信企业。

本条第3款是关于物联网卡使用的监测预警机制的规定。本款包含以下两个方面的内容:第一,电信业务经营者对物联网卡的使用建立监测预警机制,以即时掌握物联网卡的使用情况。第二,电信业务经营者对异常使用物联网卡的情形,应当暂停服务、重新核验身份和使用场景或者采取其他合同约定的处置措施。具体采用何种处置措施,应当根据异常使用物联网卡的情形来决定,总的原则是处置措施的严厉程度要与异常使用及可能造成危害后果的严重程度相适应。

关联法规

《反恐怖主义法》第21条

《网络安全法》第24条第1款

《全国人民代表大会常务委员会关于加强网络信息保护的决定》第6条

《工业和信息化部办公厅关于加强物联网卡安全管理工作的通知》

《工业和信息化部关于进一步防范和打击通讯信息诈骗工作的实施意见》

《物联网卡安全分类管理实施指引(试行)》

第十三条 【改号电话、虚假和不规范主叫防治】电信业务经营者应当规范真实主叫号码传送和电信线路出租,对改号电话进行封堵拦截和溯源核查。

电信业务经营者应当严格规范国际通信业务出入口局主叫号码传送,真实、准确向用户提示来电号码所属国家或者地区,对网内和网间虚假主叫、不规范主叫进行识别、拦截。

条文注释

本条是关于改号电话、虚假和不规范主叫防治的规定。

本条第1款是关于电信业务经营者应当规范真实主叫号码传送和电信线路出租的规定。真实主叫号码传送,是指在被叫用户终端设备上显示主叫号码、呼叫日期、时间等主叫识别信息并进行存储,以供用户查阅,通俗的理解就是来电显示。与此相对应的是不规范主叫,其通常表现形式是号码显示不规范、不标准。电信线路出租,是指电信业务经营者将电信业务租给用户专用的服务。改号电话就是使用改号软件将原始电话号码改成指定号码。

本条第2款是关于国际通信中虚假和不规范主叫防治的规定。国际通信业务出入口局,是指国内电信运营商的通信网络与国外及港澳台运营商的通信网络之间的互联节点局,主要用于实现双方业务的互联互通和数据交换。我国已批准设立北京、上海、广州、昆明、南宁、乌鲁木齐、福州以及哈尔滨、广州、深圳、珠海等国际通信业务出入口局,青岛等城市目前正在申建。

关联法规

《工业和信息化部关于进一步防范和打击通讯信息诈骗工作的实施意见》

《工业和信息化部关于进一步做好防范打击通讯信息诈骗相关工作的通知》

第十四条 【涉诈非法设备、软件防治】任何单位和个人不得非法制造、买卖、提供或者使用下列设备、软件:

(一)电话卡批量插入设备;

(二)具有改变主叫号码、虚拟拨号、互联网电话违规接入公用电信网络等功能的设备、软件;

(三)批量账号、网络地址自动切换系统,批量接收提供短信验证、语音验证的平台;

(四)其他用于实施电信网络诈骗等违法犯罪的设备、软件。

电信业务经营者、互联网服务提供者应当采取技术措施,及时识别、阻断前款规定的非法设备、软件接入网络,并向公安机关和相关行业主管部门报告。

条文注释

本条是关于涉诈非法设备、软件防治的规定。

电话卡批量插入设备是基于电话的一种扩充装备,其可以插入上百张电话卡,同时与多个对象进行通信联系,并在电脑软件操作下实现模拟手机批量拨打电话、收发短信和上网功能。所谓虚拟拨号是指运用网络电话将真实主叫号码隐藏,显示其他号码的拨号方式。传统的虚拟拨号通过软件即可实现。所谓互联网电话违规接入公用电信网络,主要是指 VOIP 语音设备(互联网协议电话)。VOIP 是互联网语音通话技术的一种,使用 VOIP 协议,无论是因特网、企业内部互联网还是局域网都可以实现语音通信。

电信网络诈骗分子通过专门设备可以实现高频率的网络地址切换,从而在短时间内实现"广撒网"的目的。电信网络诈骗分子通过网络地址切换可以掩饰其真实 IP,为电信网络诈骗犯罪提供低成本的虚假身份隐蔽上网服务,使平台服务器误认为行为人的请求由不同或其他客户端发起,从而绕过平台对 IP 的监测防控。

从实践来看,其他用于实施电信网络诈骗等违法犯罪的设备、软件主要有"一键新机"和伪基站。"一键新机"改串系统软件提供"一键改机""设置定位"等功能,能够"一键"改变手机的 IMEI 等设备参数、随机切换手机定位地址等,为各类网络违法犯罪活动提供虚假设备环境。伪基站设备一般是行为人私自组装生产的一种违法高科技仪器,能够强制连接用户手机信号,摄取一定半径范围内的手机信息,甚至可以任意冒用手机或公用服务号码强行向用户手机发送短信。

阻断非法设备、软件接入网络,能够从根源上避免有关设备、软件被电信网络诈骗分子利用来实施电信网络诈骗犯罪,从而减少电信网络诈骗犯罪的发生。阻断的前提是识别。电信业务经营者、互联网服务提供者应当根据非法设备、软件运行的原理以及发挥作用的特征等,不断开发完善技术对抗手段,通过技术措施进行监测分析,及时识别、阻断有关设备、软件接入网络。行业主管部门主要是指工业和信息化部门,该部门负责接入电信网、互联网的监督管理。

某个电信业务经营者、互联网服务提供者发现、阻断非法设备、软件后,将有关情况报告公安机关和相关行业主管部门,有利于有关部门及时组织力量采取措施阻止违法犯罪发生,深挖违法犯罪线索并依法予以打击,在全国范围内和全行业领域内采取相应措施,掌握涉诈"黑灰产"的情况及发展趋势以研究制定防范应对措施等。

需要注意的是,本条禁止和规范的是非法制造、买卖、提供或者使用有关设备、软件的行为,对于正当、合法使用有关设备软件的行为是允许的。

关联法规

《工业和信息化部办公厅关于进一步清理整治网上改号软件的通知》

第三章 金融治理

第十五条 【金融业务尽职调查】银行业金融机构、非银行支付机构为客户开立银行账户、支付账户及提供支付结算服务,和与客户业务关系存续期间,应当建立客户尽职调查制度,依法识别受益所有人,采取相应风险管理措施,防范银行账户、支付账户等被用于电信网络诈骗活动。

条文注释

本条是关于银行业金融机构、非银行支付机构提供金融业务进行尽职调查、依法识别受益所有人的规定。

本条规定了以下四个方面的内容:

第一,履行反电信网络诈骗职责的主体是银行业金融机构、非银行支付机构。银行业金融机构,是指在我国境内设立的商业银行、农村合作银行、农村信用合作社等吸收存款和发放贷款的金融机构以及政策性银行和国家开发银行,包括国有大型银行、全国性股份商业银行、农村合作银行、政策性银行、开发性金融机构等。非银行支付机构,是指在我国境内依法设立并取得支付业务许可证,从事储值账户运营、支付交易处理的部分或者全部支付业务的有限责任公司或者股份有限公司,包括办理互联网支付、移动电话支付、固定电话支付、数字电视支付等网络支付服务的非银行机构。

第二,银行业金融机构、非银行支付机构在开立银行账户、支付账户及提供支付结算服务时,和与客户业务关系存续期间履行反电信网络诈骗职责。银行账户,是指客户在银行开立的存款账户、贷款账户、往来账户等各类账户的总称。支付账户,是指获得互联网支付业务许可的支付机构,根据客户的真实意愿为其开立的,用于记录预付交易资金余额、客户凭以发起支付指令、反映交易明细信息的电子簿记,如支付宝账户、银行账户和手机银行账户等。支付结算,是指单位、个人在社会经济活动中使用票据、信用卡和汇兑、托收承付、委托收款等结算方式进行货币给付及其资金清算的行为,主要功能是完成资金从一方当事人向另一方当事人的转移。与客户业务关系存续期间,是指提供金融服务的整个过程,是从开立账户到最后注销的整个阶段。

第三,采取的管理措施主要有建立客户尽职调查制度、依法识别受益所有人及采取其他相应风险管理措施。客户身份识别制度是金融机构在与客户建立业务关系或与其进行交易时,使用可靠的、独立来源的文件数据和信息识别核实客户身份,登记客户身份基本信息的制度。受益所有人,是指最终掌握非自然人客户控制权或者获取最终受益的一个或者几个自然人。除建立客户尽职调查制度、依法识别受益所有人外,实践中还有一些其他风险管理措施,包括但不限于清理长期不用的"静默卡"、核实清理一个名下开立多个银行账户、频繁开销户、频繁挂失补办和建立内部与风险管理模型等。

第四,目的是防范银行账户、支付账户等被用于电信网络诈骗活动。前述措施的落实,需要银行业金融机构、非银行支付机构不只考虑经济利益,还要从维护人民群众财产安全和社会稳定出发,切实提高履行反电信网络诈骗和反洗钱的职责意识,统筹平衡好风险防控与优化服务工作,加大开户等阶段核查力度,提高进行电信网络诈骗犯罪成本,加大对违法行为的震慑力度,斩断电信网络"资金链",从金融领域遏制电信网络诈骗高发多发态势。

>关联法规

《中国人民银行关于进一步加强支付结算管理防范电信网络新型违法犯罪有关事项的通知》第6条

> **第十六条 【开户数量和风险管理措施】**开立银行账户、支付账户不得超出国家有关规定限制的数量。
>
> 对经识别存在异常开户情形的,银行业金融机构、非银行支付机构有权加强核查或者拒绝开户。
>
> 中国人民银行、国务院银行业监督管理机构组织有关清算机构建立跨机构开户数量核验机制和风险信息共享机制,并为客户提供查询名下银行账户、支付账户的便捷渠道。银行业金融机构、非银行支付机构应当按照国家有关规定提供开户情况和有关风险信息。相关信息不得用于反电信网络诈骗以外的其他用途。

>条文注释

本条是关于银行账户、支付账户开户数量和风险管理措施的规定。

本条第1款是关于开户数量限制的规定。实践中,国家有关主管部门可总结账户管理方面的经验,从生产、生活的实际需要出发,由国家有关规定确定合理数量。这里的国家有关规定,既可以是法律、行政法规,也可以是部门规章,如2015年11月13日原中国银行业监督管理委员会发布的《关于银行业打击治理电信网络新型违法犯罪有关工作事项的通知》、2016年9月中国人民银行发布的《关于加强支付结算管理防范电信网络新型违法犯罪有关事项的通知》等。

本条第2款是关于加强核查或者拒绝开户的规定。本款规定包含两层意思:一是明确需要核查或拒绝开户的情形,即经识别存在异常开户情形。这里所说的异常开户情形,是指银行业金融机构、非银行支付机构在开立银行账户、支付账户过程中发现客户有违反实名制规定或者有合理事由怀疑其有从事电信网络诈骗活动的情形。二是赋予银行业金融机构、非银行支付机构加强核查或者拒绝开户的权力。

本条第3款是关于建立核验和风险信息共享机制的规定。其主要有三方面内容：第一，建立跨机构开户数量核验机制和风险信息共享机制。本款规定中国人民银行、国务院银行业监督管理机构组织有关清算机构建立跨机构开户数量核验机制和风险信息共享机制。第二，为客户提供查询名下银行账户、支付账户的便捷渠道。为了让客户准确掌握开卡信息，有必要为其查询名下银行账户、支付账户提供便捷渠道，这也有助于及时发现被冒用办卡的情形。第三，银行业金融机构、非银行支付机构应当按照国家有关规定提供开户情况和有关风险信息，相关信息不得用于反电信网络诈骗以外的其他用途。此项内容规定了银行业金融机构、非银行支付机构的配合义务。由于客户的账户是在银行业金融机构、非银行支付机构开立的，建立跨机构开户数量核验机制和风险信息共享机制，离不开银行业金融机构、非银行支付机构的配合，本法要求其应当按照规定提供开户情况和有关风险信息。

关联法规

《中国银行业监督管理委员会关于银行业打击治理电信网络新型违法犯罪有关工作事项的通知》

《中国人民银行关于加强支付结算管理防范电信网络新型违法犯罪有关事项的通知》

《中国人民银行关于进一步加强支付结算管理防范电信网络新型违法犯罪有关事项的通知》

第十七条 【企业账户管理措施】 银行业金融机构、非银行支付机构应当建立开立企业账户异常情形的风险防控机制。金融、电信、市场监管、税务等有关部门建立开立企业账户相关信息共享查询系统，提供联网核查服务。

> 市场主体登记机关应当依法对企业实名登记履行身份信息核验职责;依照规定对登记事项进行监督检查,对可能存在虚假登记、涉诈异常的企业重点监督检查,依法撤销登记的,依照前款的规定及时共享信息;为银行业金融机构、非银行支付机构进行客户尽职调查和依法识别受益所有人提供便利。

条文注释

本条是关于企业账户管理措施的规定。

企业账户,分为基本存款账户、一般存款账户、专用存款账户和临时存款账户等。企业只能在银行开立一个基本账户,不得开立两个以上基本存款账户。在开立企业账户时,一方面,企业应当对开户申请书所列事项及相关开户证明文件的真实性、有效性负责;另一方面,银行业金融机构、非银行支付机构应当审核企业开户证明文件的真实性、完整性和合规性,以确保开户申请人和开户证明文件所属人的一致性以及企业开户意愿的真实性。存在异常开户情形的,银行业金融机构、非银行支付机构可以按照反洗钱等规定采取延长开户审查期限、强化客户尽职调查等措施,必要时应当拒绝开户。

本条第1款规定,金融、电信、市场监管、税务等有关部门建立开立企业账户相关信息共享查询系统,提供联网核查服务。有关主管部门要从自身职责出发,准备好核查所需的各项材料、数据,便于及时开展相关信息的查询。金融、电信、市场监管、税务等有关部门应当做好协同配合,尤其是电信、市场监管、税务部门等要坚持系统观念、落实好打击治理电信网络诈骗相关措施,为金融部门在账户开立阶段验证相关信息的真伪提供支持、帮助,切实履行好反电信网络诈骗职责。

本条第2款规定了市场主体登记机关对企业实名登记具有身份信息核验职责。主要包含以下四方面内容:一是依法对企业实名登记履行身份信息核验职责。申请办理市场主体登记,申请人应当提交申请书、自然人身份证明等文件,并对提交材料的真实性、合法性和有效性负责。登记机关应当对申请材料进行形式审查。在市场登记过程中,登记主体发现有不符合法律、行政法规规定,或者可能危害国家安全、社会公共利益的情形的,不予登记并说明理由。二是依照规定对登记事项进行监督检查,重点检查可能存在虚假登记、涉诈异常的企业。登记机关应当根据市场主体的信用风险状况实施分级分类监管,采取随机抽取检查对象、随机选派执法检查人员的方式,对市场主体登记事项进行监督检查。市场主体登记机关应当加强事中事后监管,从经营方式、经营形式等入手,了解掌握市场主体的经营状态,加强敏感行业主体如互联网、投资理财平台、网络工作室、快递等的监管。三是及时共享依法撤销登记企业的相关信息。按照法律规定,虚报注册资本、提交虚假材料或者采取其他欺诈手段隐瞒重要事实取得市场主体登记的,受虚假市场登记影响的自然人、法人和其他组织可以向登记机关提出撤销市场主体登记的申请。主体登记机关受理申请后,应当及时开展调查。经调查认定存在虚假市场主体登记情形的,登记机关应当撤销主体登记。四是为银行业金融机构、非银行支付机构进行客户尽职调查和依法识别受益所有人提供便利。客户尽职调查和依法识别受益所有人都需要对相关证明文件进行查验核实,尤其是识别受益所有人需要确定法定代表人或单位负责人有效身份,这些情况由市场主体登记机关掌握。市场主体登记机关有义务在银行业金融机构、非银行支付机构履行反电信网络诈骗职责时予以协助,提供便利条件。

关联法规

《市场主体登记管理条例》

第十八条 【监测、识别、处置涉诈异常账户和可疑交易】
银行业金融机构、非银行支付机构应当对银行账户、支付账户及支付结算服务加强监测,建立完善符合电信网络诈骗活动特征的异常账户和可疑交易监测机制。

中国人民银行统筹建立跨银行业金融机构、非银行支付机构的反洗钱统一监测系统,会同国务院公安部门完善与电信网络诈骗犯罪资金流转特点相适应的反洗钱可疑交易报告制度。

对监测识别的异常账户和可疑交易,银行业金融机构、非银行支付机构应当根据风险情况,采取核实交易情况、重新核验身份、延迟支付结算、限制或者中止有关业务等必要的防范措施。

银行业金融机构、非银行支付机构依照第一款规定开展异常账户和可疑交易监测时,可以收集异常客户互联网协议地址、网卡地址、支付受理终端信息等必要的交易信息、设备位置信息。上述信息未经客户授权,不得用于反电信网络诈骗以外的其他用途。

条文注释

本条是关于反电信网络诈骗工作监测、识别、处置涉诈异常账户和可疑交易的规定。

根据本条第 1 款的规定,涉诈监测对象包括银行账户、支付账户及支付结算服务。银行业金融机构、非银行支付机构应当切实履行反电信网络诈骗的职责,在银行账户、支付账户的开立阶段,提供支付结算服务阶段,以及与客户关系存续期间,通过客户尽职调查、受益所有人的识别等多种方式,加强对账户的监测,及时发现账户的异常情况,防止电信网络诈骗分子利用支付工具和支付结算服务实施电信网络诈骗活动。

银行业金融机构、非银行支付机构应当制定本机构的可疑交易监测标准,并对其有效性负责。可疑交易监测标准包括但不限于客户的身份、行为,交易的资金来源、金额、频率、流向、性质等存在异常的情形,并应当参考以下因素:(1)中国人民银行及其分支机构发布的反洗钱、反恐怖融资规定及指引、风险提示、洗钱类型分析报告和风险评估报告;(2)公安机关、司法机关发布的犯罪形势分析、风险提示、犯罪类型报告和工作报告;(3)本机构的资产规模、地域分布、业务特点、客户群体、交易特征,洗钱和恐怖融资风险评估结论;(4)中国人民银行及其分支机构出具的反洗钱监管意见;(5)中国人民银行要求关注的其他因素。

根据本条第2款的规定,统筹建立跨银行业金融机构、非银行支付机构的反洗钱统一监测系统的责任主体是中国人民银行。目前,中国人民银行指导、部署金融业反洗钱工作,负责反洗钱资金监测。中国人民银行应当会同国务院公安部门及时发布电信网络诈骗犯罪相关风险提示、洗钱类型分析报告和风险评估报告,对与电信网络诈骗犯罪资金流转特点相适应的反洗钱可疑交易报告制度进行完善。

根据本条第3款的规定,银行业金融机构、非银行支付机构采取防范措施的对象是监测识别的异常账户和可疑交易,具体措施包括核实交易情况、重新核验身份、延迟支付结算、限制或者中止有关业务等。

对于通过可疑监测标准筛选出的异常交易,各金融机构和支付机构应当注重挖掘客户身份资料和交易记录价值,发挥客户尽职调查的重要作用,采取有效措施进行人工分析、识别。各金融机构和支付机构应当遵循风险为本和审慎均衡原则,合理评估可疑交易的可疑程度和风险状况,审慎处理账户(或资金)管控与金融消费者权益保护之间的关系,在报送可疑交易报告后,对可疑交易报告所涉客户、账户(或资金)和金融业务及时采取适当的后续控制措施,充分减轻本机构被洗钱、恐怖融资及其他违法犯罪活动利用的风险。

根据本条第4款的规定,银行业金融机构、非银行支付机构只有在本条第1款的规定,即对银行账户、支付账户及支付结算服务开展监测,发现存在异常账户和可疑交易的时候,才能收集该异常客户的信息,包括该异常客户的互联网协议地址、网卡地址、支付受理终端信息等必要的交易信息、设备位置信息。客户身份资料和交易记录涉及客户的个人信息、财产信息等,一旦泄露易导致对客户隐私权的侵害,因此本款还规定,上述信息未经客户授权,不得用于反电信网络诈骗以外的其他用途。

关联法规

《个人信息保护法》第5条、第9条

《商业银行法》第29条

第十九条 【交易信息透传】银行业金融机构、非银行支付机构应当按照国家有关规定,完整、准确传输直接提供商品或者服务的商户名称、收付款客户名称及账号等交易信息,保证交易信息的真实、完整和支付全流程中的一致性。

条文注释

本条是关于交易信息透传的规定。

根据本条的规定,银行业金融机构、非银行支付机构应当确保交易信息的真实性、完整性、可追溯性以及在支付全流程中的一致性,不得篡改或者隐匿交易信息。交易信息至少应包括:直接提供商品或服务的特约商户名称、类别和代码,受理终端(网络支付接口)类型和代码,交易时间和地点(网络特约商户的网络地址),交易金额,交易类型和渠道,交易发起方式等。网络特约商户的交易信息还应当包括订单号和网络交易平台名称。

完整、准确传输交易信息在实践中也被称为交易信息透传,即使交易信息传输透明。交易信息透传制度在反洗钱工作中起着十分重要的作用。由于支付行业涉及发卡银行、收单机构、转接清算机构、商户等众多参与方,消费、取现、转账、缴费、代收付等支付交易类型繁多、交易信息要素各异,加之发卡银行和支付机构通常的"重欺诈、轻洗钱"的风险管理,特别是非金融支付机构起步较晚,洗钱风险管理普遍较为薄弱,容易成为洗钱的"温床"。数据"黑产"与洗钱团伙联合,申请欺诈、交易欺诈和洗钱交易交织并存,交易变造、虚假商户、"跑分"平台等恶性违规行为层出不穷,进一步加剧了洗钱行为在电子支付网络的泛滥和蔓延。因此,要加强支付领域数据透传监管,做到支付交易信息的完整准确标识、传递和处理,确保支付交易信息在支付全流程的透传,保障支付消费者的公平交易权。

关联法规

《中国人民银行关于进一步加强支付结算管理防范电信网络新型违法犯罪有关事项的通知》

> **第二十条 【涉诈资金处置】**国务院公安部门会同有关部门建立完善电信网络诈骗涉案资金即时查询、紧急止付、快速冻结、及时解冻和资金返还制度,明确有关条件、程序和救济措施。
>
> 公安机关依法决定采取上述措施的,银行业金融机构、非银行支付机构应当予以配合。

条文注释

本条是关于涉诈资金处置的规定。

即时查询,是指及时、快速地查询涉诈资金的去向。了解涉诈资金的去向和流转方式能够有效对涉诈资金进行追查及止付冻结,因此,即时查询资金的去向十分重要。当前电信网络诈骗犯罪资金流转已经从前期的背包客取款,转向第三方、第四方支付,国际贸易对冲等方式。

紧急止付这一措施最早被用于电信网络犯罪案件的办理。为提高公安机关止付、冻结涉诈资金效率,切实保护社会公众财产安全,2016年,中国人民银行、工业和信息化部、公安部、原国家工商行政管理总局决定建立电信网络新型违法犯罪涉案账户紧急止付和快速冻结机制。通过该机制,受害人在遇到电信诈骗后第一时间报警,民警核实情况后,立即启动紧急止付程序,大大缩短了处理的时间,提高了止付冻结的成功率。

冻结资金,是指公安机关依照法律规定对特定银行账户实施冻结措施,并由银行业金融机构协助执行。采取冻结措施有严格的限制条件,2016年《中共中央、国务院关于完善产权保护制度依法保护产权的意见》第5条细化了涉嫌违法的企业和人员财产处置规则,依法慎重决定是否采取相关强制措施。

关于及时解冻,《银行业金融机构协助人民检察院公安机关国家安全机关查询冻结工作规定》第 23 条规定:"经查明冻结财产确实与案件无关的,人民检察院、公安机关、国家安全机关应当在 3 日以内按照本规定第十九条的规定及时解除冻结,并书面通知被冻结财产的所有人;因此对被冻结财产的单位或者个人造成损失的,银行业金融机构不承担法律责任,但因银行业金融机构自身操作失误或设备故障造成被冻结财产的单位或者个人损失的除外。上级人民检察院、公安机关、国家安全机关认为应当解除冻结措施的,应当责令作出冻结决定的下级人民检察院、公安机关、国家安全机关解除冻结。"

关于资金返还,根据 2015 年中共中央办公厅、国务院办公厅印发的《关于进一步规范刑事诉讼涉案财物处置工作的意见》第 2 条的规定,凡查封、扣押、冻结的财物,都应当及时进行审查;经查明确实与案件无关的,应当在 3 日内予以解除、退还,并通知有关当事人。查封、扣押、冻结涉案财物,应当为犯罪嫌疑人、被告人及其所扶养的亲属保留必需的生活费用和物品,减少对涉案单位正常办公、生产、经营等活动的影响。公安机关、国家安全机关决定撤销案件或者终止侦查、人民检察院决定撤销案件或者不起诉、人民法院作出无罪判决的,涉案财物除依法另行处理外,应当解除查封、扣押、冻结措施,需要返还当事人的应当及时返还。实践中,冻结资金一般以溯源返还为原则,由公安机关进行返还。

国务院公安部门会同有关部门对电信网络诈骗涉案资金采取即时处置措施时,必须明确有关措施适用的条件、程序和救济措施。具体而言,一方面,要精准施策,明确适用的具体条件,还要有严格的内部审批程序,做到慎重使用;另一方面,要给予涉案当事人或者善意第三人等救济渠道,尽可能减少相应的损失和负面效应。

本条第 2 款中的予以配合,就是要求银行业金融机构、非银行支付机构依照本法和其他有关规定协助公安机关对单位或个人在本机构的涉案存款、汇款等财产采取即时查询、紧急止付、快速冻结、及时解冻和资金返还措施。

关联法规

《刑事诉讼法》第 144 条

第四章 互联网治理

> **第二十一条 【互联网实名制】**电信业务经营者、互联网服务提供者为用户提供下列服务,在与用户签订协议或者确认提供服务时,应当依法要求用户提供真实身份信息,用户不提供真实身份信息的,不得提供服务:
> (一)提供互联网接入服务;
> (二)提供网络代理等网络地址转换服务;
> (三)提供互联网域名注册、服务器托管、空间租用、云服务、内容分发服务;
> (四)提供信息、软件发布服务,或者提供即时通讯、网络交易、网络游戏、网络直播发布、广告推广服务。

条文注释

本条是关于互联网实名制的规定。

所谓用户真实身份信息,主要是指电信业务经营者和互联网信息服务提供者在提供服务的过程中收集的用户姓名、出生日期、身份证件号码、住址、电话号码、账号和密码等能够单独或者与其他信息结合识别用户的信息以及用户使用服务的时间、地点等信息。

互联网接入,是指为他人提供访问互联网或者在互联网发布信息的通路。目前常用的互联网接入服务有电话线拨号接入、ADSL 接入、光纤宽带接入、无线网络等。网络代理是一种特殊的网络服务,允许一个网络终端(一般为客户端)通过代理服务与另一个网络终端(一般为服务器)进行非直接的连接。

互联网域名服务,是指从事域名根服务器运行和管理、顶级域名运行和管理、域名注册、域名解析等活动。

服务器托管,是指将服务器及相关设备托管到具有专门数据中心的机房。所谓空间租用、云服务的实质是计算能力与资源的分享,是一种计算服务,而非物理设施出租。承租方所建网站中的所有信息资源,都存储在出租方的服务器上,并通过服务器的软硬件系统向网络用户进行传播,这个过程实际上集信息处理、存储及传输于一体。内容分发是通过实现用户对网站的就近访问及网络流量的智能分析,将本节点流媒体库中的指定内容,根据业务运营商定义的内容分发策略向下层节点推送。下层节点控制系统通过下层内容管理系统登记接收,该节点以内容注入的方式接收分发的内容。

互联网信息服务,是指通过互联网向上网用户提供信息的服务活动。软件发布服务属于应用程序服务,是指通过应用软件程序向用户提供文字、图片、语音、视频等信息制作、复制、发布、传播等服务的活动,包括即时通讯、新闻资讯、知识问答、论坛社区、网络直播、电子商务、网络音视频、生活服务等类型。即时通讯,是指允许两人或多人使用网络即时传递文字讯息、档案、语音与视频交流的终端服务。网络交易,是指互联网等信息网络销售商品或者提供服务的经营活动。网络游戏,是指由软件程序和信息数据构成,通过互联网、移动通信网等信息网络提供的游戏产品和服务。网络直播,即互联网直播,是指基于互联网,以视频、音频、图文等形式向公众持续发布实时信息的活动。广告推广一般是指新闻媒介等各种媒介为推销广告版面、广告时间,树立品牌形象等进行的活动。

关联法规

《网络安全法》第 24 条

《互联网用户账号名称管理规定》

《互联网用户公众账号信息服务管理规定》

《移动互联网应用程序信息服务管理规定》

《即时通信工具公众信息服务发展管理暂行规定》第 6 条

《网络交易监督管理办法》第 13 条

《互联网直播服务管理规定》第 12 条

> **第二十二条 【监测识别、处置涉诈异常互联网账号】**互联网服务提供者对监测识别的涉诈异常账号应当重新核验,根据国家有关规定采取限制功能、暂停服务等处置措施。
>
> 互联网服务提供者应当根据公安机关、电信主管部门要求,对涉案电话卡、涉诈异常电话卡所关联注册的有关互联网账号进行核验,根据风险情况,采取限期改正、限制功能、暂停使用、关闭账号、禁止重新注册等处置措施。

条文注释

本条是关于互联网服务提供者监测识别、处置涉诈异常互联网账号的规定。

互联网服务提供者监测识别涉诈异常账号,主要包括:一是在提供网络账号注册服务时,应当采取相应技术防范措施,及时监测、发现涉诈异常账号;二是在为已经注册成功的互联网账号提供服务的过程中,通过主动监测识别电信网络诈骗有关信息,发现涉嫌电信网络诈骗的异常账号。

对于涉诈异常账号,互联网服务提供者应当首先重新核验。重新核验是指重新进行实名认证。根据本法第33条的规定,互联网服务提供者对存在涉诈异常的互联网账号,可以通过国家网络身份认证公共服务对用户身份重新进行核验。重新核验之后,互联网服务提供者应当根据法律法规、部门规章等国家有关规定,区分情形,采取限制功能、暂停服务等处置措施。限制功能,是指根据所提供的服务类型,限制对该账号提供部分服务,如停止更新、停止广告发布等;暂停服务,是指暂停为用户提供新的服务,待涉电信网络诈骗的风险解除后,再恢复服务。

在互联网实名制的背景下,互联网账号一般是与用户的电话号码绑定的。若电话卡涉案或者属于涉诈高风险电话卡,相应地,与之关联注册的互联网账号涉案、涉诈就存在很高的可能性。公安机关、电信主管部门在工作中发现电话卡涉案或者属于涉诈异常电话卡的，可以用适当方式将信息提供给互联网服务提供者，由互联网服务提供者根据主管部门的要求，对关联注册的有关互联网账号进行核验，并根据风险情况，采取相应的处置措施，具体包括限期改正、限制功能、暂停使用、关闭账号、禁止重新注册等。限期改正，是指限定用户在一定期限内改变现有的错误做法，以及不恰当的操作和使用方式。限制功能，是指只向该账号提供部分服务，开放部分功能，如禁言、停止广告发布、打赏等功能。暂停使用，是指暂停为用户提供新的服务。关闭账号，是指不再为该账号提供服务，并清除有关内容。"禁止重新注册"是指禁止用该电话号码再行注册新的账号。

关联法规

《刑法》第286条之一

《互联网用户公众账号信息服务管理规定》第19条

《互联网用户账号名称管理规定》第5条、第7条

《工业和信息化部、公安部关于依法清理整治涉诈电话卡、物联网卡以及关联互联网账号的通知》第5条

第二十三条 【移动互联网应用程序治理】设立移动互联网应用程序应当按照国家有关规定向电信主管部门办理许可或者备案手续。

为应用程序提供封装、分发服务的，应当登记并核验应用程序开发运营者的真实身份信息，核验应用程序的功能、用途。

公安、电信、网信等部门和电信业务经营者、互联网服务提供者应当加强对分发平台以外途径下载传播的涉诈应用程序重点监测、及时处置。

条文注释

本条是关于移动互联网应用程序治理的规定。

移动互联网应用程序设立环节的管理是涉诈App治理的源头，需要通过履行特定的手续来保证App上市时的合法性。根据本条第1款的规定，设立移动互联网应用程序应当按照国家有关规定向

电信主管部门办理许可或者备案手续。这里的国家有关规定包括法律法规和部门规章，电信主管部门在中央层面是工业和信息化部，在地方层面是各地的通信管理局。具体如何履行许可、备案手续需要根据相关规定执行。

应用程序封装服务，是指应用程序的制作服务，将网站、网页及其内容转换为应用程序，如将新浪网转换为新浪应用程序。应用程序分发服务，是指提供应用程序发布、下载、动态加载等服务的活动。有关平台包括应用商店、快应用中心、互联网小程序平台、浏览器插件平台等类型。根据本条第2款的规定，为应用程序提供封装、分发服务的平台，应当对应用程序的开发运营者进行实名登记，并核验应用程序的功能和用途。

本条第3款中的电信业务经营者，是指网络运营商（Network Operator, NO）和接入服务商（Access Provider, AP）。网络运营商，是指基础电信运营商，即电信基础设施的运营者，如中国移动、中国联通、中国电信等。接入服务商是向网络用户提供从用户终端到网络接入服务的主体，如各宽带业务经营者。互联网服务提供者是指互联网内容提供者，向用户提供新闻、信息、资料、音视频等内容服务，如腾讯、抖音、字节跳动、淘宝、新浪、搜狐等。

在监测和处置涉诈应用程序的过程中，公安、电信、网信等部门应当负总责，统筹本行业领域技术反制措施，推进信息数据共享，建立有关涉诈应用程序的监测识别和处置机制，对分发平台以外途径下载传播的应用程序重点检测，发现涉诈的，及时处置，不断提高监测识别和处置能力。电信业务经营者和互联网服务提供者特别是大型互联网企业应当履行信息内容管理市场主体责任，在主管部门的统一部署下，承担社会责任，建立涉诈应用程序的监测识别和处置机制，发挥自身资源优势，加强相关工作，共同构建维护合规应用程序正常运转的良好环境。

关联法规

《互联网信息服务管理办法》第4条

《工业和信息化部关于加强电信和互联网行业网络安全工作的

指导意见》

《移动互联网应用程序信息服务管理规定》

> **第二十四条 【域名解析、域名跳转和网址链接转换服务管理】**提供域名解析、域名跳转、网址链接转换服务的,应当按照国家有关规定,核验域名注册、解析信息和互联网协议地址的真实性、准确性,规范域名跳转,记录并留存所提供相应服务的日志信息,支持实现对解析、跳转、转换记录的溯源。

条文注释

本条是关于域名解析、域名跳转和网址链接转换服务管理的规定。

实践中,利用域名、网址链接进行电信网络诈骗的行为主要包括:一是犯罪分子先根据现有的域名,注册用户可能错误输入的近似域名,设置与目标网站类似的网页。当用户不小心输错域名时,就会将域名解析到其预设的网站,对用户进行"钓鱼"诈骗。由于域名是用户主动输入的,用户在输入账户密码或者银行卡等敏感信息时警惕心很低,很容易上当受骗。二是通过干扰用户上网时的域名解析过程,将用户的访问跳转至其他伪装类似网站,设置非法代码,窃取用户身份、银行账户、验证码信息等,进行诈骗活动。三是在网络链接转换过程中,将用户指引到预设的网站,开展诈骗活动。对于上述行为,有关主管部门应当加强监督和管理,让域名解析、跳转和网址链接服务依法依规运转,切实保护用户的合法权益。

域名,是指互联网上识别和定位计算机的层次结构式的字符标识,与该计算机的IP地址相对应。域名解析,是指从域名到IP地址的转换过程。IP地址是网络上标识站点的数字地址,为了方便操作,采用域名来替代IP地址标识站点地址。域名解析就是把网站的域名指向IP地址,让访客通过注册的域名访问网站。域名的解析工作由域名系统(DNS)服务器完成。域名跳转是指访问某一域名时,跳转到该域名绑定或者指向的其他域名、IP地址或者网络信息服务等,这主要是通过服务器的技术设置实现的。网络链接转换是指通过网络链接转换软件,将网址转换为文字、二维码、应用程序等,通过网络链接转换,电信网络诈骗分子可以将潜在被害人引诱到诈骗网站。

根据本条规定,提供域名解析、域名跳转和网址链接转换服务的,应当按照法律法规、部门规章等国家有关规定,履行下列义务:第一,核验域名注册、解析信息和互联网协议地址的真实性和准确性。第二,规范域名跳转。第三,记录并留存所提供相应服务的日志信息,支持实现对跳转、解析、转换记录的溯源。

为使本条的规定落到实处,本法在"法律责任"一章中规定了电信业务经营者、互联网服务提供者不履行本条义务需要承担的法律责任。根据本法第41条第3项的规定,未按照国家有关规定核验域名注册、解析信息和互联网协议地址的真实性、准确性,规范域名跳转,或者记录并留存所提供相应服务的日志信息的,由有关主管部门责令改正,情节较轻的,给予警告、通报批评,或者处5万元以上50万元以下罚款;情节严重的,处50万元以上500万元以下罚款,并可以由有关主管部门责令暂停相关业务、停业整顿、关闭网站或者应用程序、吊销相关业务许可证或者吊销营业执照,对其直接负责的主管人员和其他直接责任人员,处1万元以上20万元以下罚款。

关联法规

《网络安全法》第21条、第24条

《互联网域名管理办法》第30条

第二十五条 【涉诈"黑灰产"防治和履行合理注意义务】
任何单位和个人不得为他人实施电信网络诈骗活动提供下列支持或者帮助:

(一)出售、提供个人信息;

(二)帮助他人通过虚拟货币交易等方式洗钱;

(三)其他为电信网络诈骗活动提供支持或者帮助的行为。

电信业务经营者、互联网服务提供者应当依照国家有关规定,履行合理注意义务,对利用下列业务从事涉诈支持、帮助活动进行监测识别和处置:

(一)提供互联网接入、服务器托管、网络存储、通讯传输、线路出租、域名解析等网络资源服务;

(二)提供信息发布或者搜索、广告推广、引流推广等网络推广服务;

(三)提供应用程序、网站等网络技术、产品的制作、维护服务;

(四)提供支付结算服务。

条文注释

本条是关于涉诈"黑灰产"防治和履行合理注意义务的规定。

电信业务经营者提供网络接入等基础服务,应当利用自身优势资源,根据国家有关规定,对有关服务被用于涉诈支持、帮助活动进行监测识别,并采取限制功能、暂停服务等必要处置措施。互联网服务提供者直接接触用户,对用户合法合规使用网络负有一定的监督管理职责。根据各方面的意见,为切实加强对有关业务被用于涉诈支持、帮助活动的监测和处理,让电信业务经营者、互联网服务提供者承担应有的社会责任,本条对涉诈支持、帮助活动进行监测识别和处置作出了专门规定。

个人信息是以电子或者其他方式记录的与已识别或者可识别的自然人有关的各种信息,但不包括匿名化处理后的信息。收集、存储、使用、加工、传输、提供个人信息,应当遵守《个人信息保护法》的相关规定。通过虚拟货币交易等方式洗钱,是指利用虚拟货币转移洗白赃款。其他为电信网络诈骗活动提供支持或者帮助的行为,具体包括明知他人从事电信网络诈骗活动,仍为其提供销毁数据、使用虚假身份逃避监管帮助,提供资金支持,提供"多卡合一"(银行卡、电话卡、支付宝账号、微信账号、身份证)服务,提供解冻被冻结的账户、协助进行实名核验等支持、帮助行为。

根据本条第 2 款的规定,电信业务经营者、互联网服务提供者应当依照国家有关规定,履行合理注意义务,对下列业务被用于涉诈支持、帮助活动进行监测识别和处置。具体包括:

(1)提供互联网接入、服务器托管、网络存储、通讯传输、线路出租、域名解析等网络资源服务。互联网接入是指为他人提供访问互联网或者在互联网发布信息的通路;服务器托管是指将服务器及相关设备托管到具有专门数据中心的机房,客户通过远程方式进行维护;网络存储是指通过网络存储、管理数据的载体空间,如网盘等;通讯传输是指用户之间传输信息的通路,如很多电信网络诈骗分子使用虚拟专用网络(VPN)技术隐藏其真实位置;线路出租是指将有关线路出租给用户专用的服务;域名解析是指从域名到 IP 地址的转换过程。这些都是为电信网络诈骗活动提供技术支持服务的具体行为。

(2)提供信息发布或者搜索、广告推广、引流推广等网络推广服务。信息发布或者搜索是指主动在各类互联网平台发布相关信息,或者设定搜索引擎,通过特定的关键词就能搜索到其想要推广的文章或者信息。广告推广是指为电信网络犯罪相关活动作宣传或者推广,帮助其扩大影响或者获得收入,包括为诈骗网站或者应用程序作广告推广。引流推广是指将用户由一个互联网平台引流到另一个平台或者群组,如利用相应内容平台,筛选潜在被害人,并引流至其他社交工具、平台上完成诈骗过程。为电信网络诈骗分子提供上述网络推广服务,会让用户接触诈骗信息,用户稍有不慎,就会陷入诈骗圈套。

(3)提供应用程序、网站等网络技术、产品的制作、维护服务。应用程序是指向用户提供信息服务的应用软件;网站是设立者或者维护者制作的用于展示特定内容的相关网页的集合,便于使用者发布、获取信息。

(4)提供支付结算服务。支付结算是指提供收款、转账、取款、付款等服务,为行为人获得资金支持提供便利。

第二十六条 【依法协助办案、移送涉诈犯罪线索和风险信息】公安机关办理电信网络诈骗案件依法调取证据的,互联网服务提供者应当及时提供技术支持和协助。

互联网服务提供者依照本法规定对有关涉诈信息、活动进行监测时,发现涉诈违法犯罪线索、风险信息的,应当依照国家有关规定,根据涉诈风险类型、程度情况移送公安、金融、电信、网信等部门。有关部门应当建立完善反馈机制,将相关情况及时告知移送单位。

条文注释

本条是关于互联网服务提供者依法协助办案、移送涉诈犯罪线索和风险信息的规定。

本条第1款规定的责任主体是互联网服务提供者。互联网服务提供者,是指互联网内容提供者,阿里巴巴、腾讯、百度、字节跳动等互联网企业就是典型的互联网服务提供者。提供技术支持和协助,主要是指互联网服务提供者应当根据公安机关侦查电信网络诈骗犯罪的需要,通过互联网技术手段,为公安机关提供必要的支持和协助,如为公安机关提供涉及电信网络诈骗犯罪团伙和个人的有关数据,为获取电信网络诈骗犯罪团伙和个人的有关数据提供相关通道等技术支持。

治理电信网络诈骗,加强互联网企业对有关国家机关的配合、支持是关键。根据本条第2款的规定,首先,互联网服务提供者要做好互联网账号异常使用监测、涉诈支持、帮助活动监测和其他涉诈信息、活动监测。对此,一方面,需要通过制定内部监测管理制度和操作规程,落实本法规定的监测防范制度要求,根据实践情况通过大数据、人工智能等技术手段不断完善涉诈监测模型,提高监测的准确性、及时性。另一方面,需要完善涉诈风险信息共享机制。其次,对于监测中发现的涉诈违法犯罪线索、风险信息等,应当依照规定,根据涉诈风险类型、程度情况移送公安、金融、电信、网信等部门。

这里的涉诈违法犯罪线索,是指互联网服务提供者通过监测发现的涉电信网络诈骗违法犯罪行为、嫌疑人、被害人等信息;风险信息是指根据一定的标准,经判断涉电信网络诈骗违法犯罪可能性高的信息。最后,根据本款规定,有关部门应当建立完善反馈机制,将相关情况及时告知移送单位。建立完善反馈机制,一方面有利于督促接收移送的有关部门及时处理涉诈违法犯罪线索、风险信息,及时侦办案件,追查犯罪行为;另一方面有利于互联网服务提供者知悉其移送的涉诈违法犯罪线索、风险信息的使用情况,及时对风险监测模式等进行调整,完善涉诈活动监测机制,提高监测质量和效率。

关联法规

《网络安全法》第28条

第五章 综合措施

第二十七条 【公安机关打击职责】公安机关应当建立完善打击治理电信网络诈骗工作机制,加强专门队伍和专业技术建设,各警种、各地公安机关应当密切配合,依法有效惩处电信网络诈骗活动。

公安机关接到电信网络诈骗活动的报案或者发现电信网络诈骗活动,应当依照《中华人民共和国刑事诉讼法》的规定立案侦查。

条文注释

本条是关于公安机关打击职责的规定。

公安机关应当建立完善打击治理电信网络诈骗工作机制,这里的工作机制,是指公安机关在打击治理电信网络诈骗过程中,所建立的具体实施规范、工作程序、职责分工等,强调内部协调配合,形成打击合力,以保证公安机关打击治理电信网络诈骗工作机制高效运行。打击治理电信网络诈骗工作机制的主要内容,具体包括预警防范、案情通报、线索落查、联动处置、约谈问责等方面。专门队伍和专业技术建设,是指公安机关针对电信网络诈骗犯罪行为的特点、规律、手段、方式等,组建专门的团队,提升相应的专业技术水平,从而使反电信网络诈骗专门力量具备应对网络、金融、信息技术等相应活动的专业技能、技巧。在应对电信网络诈骗犯罪过程中,公安机关应当发挥内部协作配合的优势,不同警种各司其职、各负其责,刑事、经侦、网安、治安等警察团队应发挥各自职能进行通力合作;还要发挥不同地区公安机关联动配合机制的优势,互通涉诈信息、线索,相互提供办案协助等,多部门、多区域之间密切配合,对电信网络诈骗犯罪形成打击合力,依法有效惩处电信网络诈骗活动。

本条第2款对公安机关及时查处电信网络诈骗活动的具体要求作了规定。公安机关接到电信网络诈骗活动的报案或者发现电信网络诈骗活动后,应当依照规定及时立案侦查。该款属于与《刑事诉讼法》相衔接的条款。

关联法规

《刑法》第266条

《刑事诉讼法》第109条

《最高人民法院、最高人民检察院关于办理诈骗刑事案件具体应用法律若干问题的解释》第1条

《公安机关办理刑事案件程序规定》第15条、第21条、第22条

第二十八条 【监督检查活动】金融、电信、网信部门依照职责对银行业金融机构、非银行支付机构、电信业务经营者、互联网服务提供者落实本法规定情况进行监督检查。有关监督检查活动应当依法规范开展。

条文注释

本条是关于反电信网络诈骗工作中有关部门依法规范开展监督检查活动的规定。

本条主要规定了以下三个方面的内容:

第一,金融、电信、网信部门是反电信网络诈骗工作中实施监督检查的主体,负责对银行业金融机构、非银行支付机构、电信业务经营者、互联网服务提供者落实本法规定情况实施监督检查。与传统的诈骗相比,电信网络诈骗利用技术手段钻管理上的漏洞,呈现组织化、链条化、精准化等特征,实现跨部门、跨行业、跨地域协作犯罪。网络运营者作为以营利为目的的市场主体,如不加强监管、规范,容易导致互联网企业与网络犯罪形成"依附共生"关系。此外,金融、电信、网信行业内部管理不规范,存在管理漏洞,也可能为实施电信网络诈骗提供可乘之机,或者被电信网络诈骗分子利用。因此,非常有必要督促行业主管部门实施监督检查工作,压实主体责任。

第二,监督检查的内容是银行业金融机构、非银行支付机构、电信业务经营者、互联网服务提供者落实本法规定的执行情况。本法有关电信、金融、互联网治理和综合措施章节具体规定了有关部门的监督管理职责和各项防范治理责任等。

第三,应当规范金融、电信、网信部门的监督检查行为,即相应监督检查活动应依法检查、定期检查,不得具有随意性。同时,监督检查活动应统筹好发展与安全。金融、电信、网信部门依照其相应职责,依法实施监督检查工作,本法有规定的,要依法履行职责,不能越权,也不能缺位。

需要说明的是,有关监督检查活动应当依法依规,坚持以事实为依据,以法律为准绳;要尊重保障公民和组织的合法权益,对在工作过程中知悉的国家秘密、商业秘密、个人隐私和个人信息要予以保密;监督检查须严格程序和内容,银行业金融机构、非银行支付机构、电信业务经营者、互联网服务提供者应当为相关监督检查活动提供必要的条件。

关联法规

《电信条例》第4条第2款、第42条

《网络安全法》第49条第2款

第五章 综合措施

第二十九条 【个人信息保护】个人信息处理者应当依照《中华人民共和国个人信息保护法》等法律规定,规范个人信息处理,加强个人信息保护,建立个人信息被用于电信网络诈骗的防范机制。

履行个人信息保护职责的部门、单位对可能被电信网络诈骗利用的物流信息、交易信息、贷款信息、医疗信息、婚介信息等实施重点保护。公安机关办理电信网络诈骗案件,应当同时查证犯罪所利用的个人信息来源,依法追究相关人员和单位责任。

条文注释

本条是关于反电信网络诈骗工作中个人信息保护的规定。

加强个人信息保护工作是反电信网络诈骗的一个重要环节。治理电信网络诈骗,需要建立科学完善的个人信息保护制度和机制。

本条第1款包含以下两个方面的内容:一是个人信息处理者应当依照法律规定规范个人信息处理、加强个人信息保护。个人信息处理者是个人信息保护的第一责任人,有义务采取必要的措施,确保其个人信息处理活动符合有关法律法规的规定,并保障个人信息安全,切实保护个人信息权益。这里的处理,不仅指对个人信息的加工,而且包括从个人信息的收集到最终删除的全生命周期中的各个环节。二是建立个人信息被用于电信网络诈骗的防范机制。为了更加有效地保护公民的个人信息权益,个人信息处理者应当在建立健全个人信息保护制度的基础上,采取措施监测、预警个人信息保护面临的突出问题和风险,建立个人信息被用于电信网络诈骗的防范机制;有针对性地改进个人信息保护工作举措,有效预防侵犯个人信息权益行为的发生。

本条第2款包括两层含义:一是履行个人信息保护职责的部门、单位对可能被电信网络诈骗利用的物流信息、交易信息、贷款信息、医疗信息、婚介信息等实施重点保护。物流信息、交易信息、贷款信息、医疗信息、婚介信息等涉及公民个人的住址、财产、健康、婚姻等情况,这些信息一旦被电信网络诈骗分子获取,容易被利用实施精准诈骗,且被害人往往难以防范。二是明确公安机关在办理电信网络诈骗案件中应当倒查个人信息来源,依法处理相关单位、人员泄露、提供个人信息责任。

关联法规

《个人信息保护法》第60条、第61条、第73条

> **第三十条 【宣传教育义务、举报奖励和保护】**电信业务经营者、银行业金融机构、非银行支付机构、互联网服务提供者应当对从业人员和用户开展反电信网络诈骗宣传,在有关业务活动中对防范电信网络诈骗作出提示,对本领域新出现的电信网络诈骗手段及时向用户作出提醒,对非法买卖、出租、出借本人有关卡、账户、账号等被用于电信网络诈骗的法律责任作出警示。
>
> 新闻、广播、电视、文化、互联网信息服务等单位,应当面向社会有针对性地开展反电信网络诈骗宣传教育。
>
> 任何单位和个人有权举报电信网络诈骗活动,有关部门应当依法及时处理,对提供有效信息的举报人依照规定给予奖励和保护。

条文注释

本条是关于有关企业和单位的宣传教育义务、举报奖励和保护的规定。

加强反电信网络诈骗宣传教育,普及反电信网络诈骗知识,增强全社会反电信网络诈骗意识,是反电信网络诈骗工作的基础。本法对有关企业、单位的反电信网络诈骗宣传教育义务,对社会公众举报电信诈骗的权利作了规定,推动形成全链条反诈、全行业阻诈、全社会防诈的"打防管控"格局,为打击遏制电信网络诈骗活动提供

了有力法制支撑。

本条第 1 款是关于电信业务经营者、银行业金融机构、非银行支付机构、互联网服务提供者等行业的宣传义务的规定。主要包括以下四层含义：一是电信业务经营者、银行业金融机构、非银行支付机构、互联网服务提供者应当对从业人员和用户开展反电信网络诈骗宣传。电信行业、金融行业和互联网行业是电信网络诈骗分子惯常利用的渠道、领域，因此，这些行业有义务也有责任承担更多的反诈宣传工作。二是在有关业务活动中对防范电信网络诈骗作出提示。电信业务经营者、银行业金融机构、非银行支付机构、互联网服务提供者应当将防范电信网络诈骗融入日常业务办理工作中，对于多发、易发的电信网络诈骗行为，通过日常业务监测及时对用户作出提示。三是将本领域新出现的电信网络诈骗手段及时向用户作出提醒。当前利用电信网络和互联网手段实施诈骗呈高发态势，犯罪涉案链条长，团伙组织严密，诈骗手法逐步升级更趋隐蔽，受害群体已覆盖各行各业、各个年龄阶段，并且随着互联网新技术、新应用迭代升级，电信网络诈骗的方式不断升级，电信业务经营者、银行业金融机构、非银行支付机构、互联网服务提供者应当及时将本领域新出现的电信网络诈骗手段向用户作出提醒。四是对非法买卖、出租、出借本人有关卡、账户、账号等被用于电信网络诈骗的法律责任作出警示。电信业务经营者、银行业金融机构、非银行支付机构、互联网服务提供者在为用户提供服务、办理业务的过程中，要告知用户非法买卖、出租、出借本人有关卡、账户、账号等被用于电信网络诈骗的法律责任，防止个人账户等被用于电信网络诈骗。

根据本条第 2 款的规定，宣传教育主体是新闻、广播、电视、文化、互联网信息服务等单位。新闻、广播、电视、文化、互联网信息服务等单位有义务面向社会开展反电信网络诈骗宣传教育活动，而且应当结合国内国际反电信网络诈骗的形势，把握时机，开展形式多样的宣传教育工作。

本条第 3 款中的举报电信网络诈骗，是指举报与电信网络诈骗相关的行为，举报的对象包括实施电信网络诈骗的组织和个人。举报的形式多样,有关单位和个人既可以到有关部门举报,也可以通过信件、邮件、电话、网络平台举报;既可以口头提出,也可以书面提出;既可以实名举报,也可以匿名举报。接收电信网络诈骗举报的机关是不特定的,有关单位和个人可以向公安机关举报,也可以向人民法院、人民检察院以及有关主管部门举报。任何机关接到电信网络诈骗举报,都应当依法处理或者移送有关主管部门依法处理。履行反电信网络诈骗职责的部门应当公开接受投诉、举报的方式,完善投诉、举报处理程序,建立方便、快捷的投诉举报处理机制。本条第3款中的有效信息,是指对反电信网络诈骗工作起到重要促进作用,对反电信网络诈骗工作进展有重大帮助的信息,如重要线索,对发现、破获严重电信网络诈骗行为有重大帮助的信息等。关于有效信息的认定标准,本法未作规定,各有关部门和地方还要根据实际情况具体予以把握。这里的奖励既包括精神奖励,也包括物质奖励。

关联法规

《刑事诉讼法》第110条第1款

第三十一条 【非法转让"两卡"惩戒措施】任何单位和个人不得非法买卖、出租、出借电话卡、物联网卡、电信线路、短信端口、银行账户、支付账户、互联网账号等,不得提供实名核验帮助;不得假冒他人身份或者虚构代理关系开立上述卡、账户、账号等。

对经设区的市级以上公安机关认定的实施前款行为的单位、个人和相关组织者,以及因从事电信网络诈骗活动或者关联犯罪受过刑事处罚的人员,可以按照国家有关规定记入信用记录,采取限制其有关卡、账户、账号等功能和停止非柜面业务、暂停新业务、限制入网等措施。对上述认定和措施有异议的,可以提出申诉,有关部门应当建立健全申诉渠道、信用修复和救济制度。具体办法由国务院公安部门会同有关主管部门规定。

条文注释

本条是关于禁止非法转让有关卡、账户、账号及采取限制措施和申诉救济的规定。

本条第1款是关于不得非法转让有关卡、账户、账号及提供实名核验帮助的规定。非法买卖、出租、出借、假冒他人身份或者虚构代理关系开立各种卡、账户、账号等是违反金融、电信、互联网实名制规定的行为。这里的非法转让各种卡、账户、账号等的主体，不仅包括个人，也包括单位。虚构代理关系是指谎称自己与他人具有亲属、朋友等关系，通常通过伪造代理书等方式虚构代理身份。需要注意的是，对于实际具有亲朋好友身份，在他人不知情的情况下，伪造代理书实施开立卡、账户、账号等的行为也属于虚构代理关系的范畴。

根据本条第2款的规定，本款中被纳入信用记录和采取措施的对象主要是，公安机关认定的实施非法转让有关卡、账户、账号及提供实名核验帮助行为的单位、个人和相关组织者，以及因从事电信网络诈骗活动或者关联犯罪受过刑事处罚的人员。本款不仅规定了对尚未被追究刑事责任的单位、个人和相关组织者采取的措施，还规定了对构成相关犯罪的前科人员的惩罚和教育。对于上述人员，并非一定都要记入信用记录和采取限制措施，可以结合实际情况确定。

第三十二条 【技术反制措施和申诉救济】国家支持电信业务经营者、银行业金融机构、非银行支付机构、互联网服务提供者研究开发有关电信网络诈骗反制技术，用于监测识别、动态封堵和处置涉诈异常信息、活动。

国务院公安部门、金融管理部门、电信主管部门和国家网

> 信部门等应当统筹负责本行业领域反制技术措施建设,推进涉电信网络诈骗样本信息数据共享,加强涉诈用户信息交叉核验,建立有关涉诈异常信息、活动的监测识别、动态封堵和处置机制。
>
> 依据本法第十一条、第十二条、第十八条、第二十二条和前款规定,对涉诈异常情形采取限制、暂停服务等处置措施的,应当告知处置原因、救济渠道及需要提交的资料等事项,被处置对象可以向作出决定或者采取措施的部门、单位提出申诉。作出决定的部门、单位应当建立完善申诉渠道,及时受理申诉并核查,核查通过的,应当即时解除有关措施。

条文注释

本条是关于反电信网络诈骗工作各方采取技术反制措施和申诉救济的规定。

根据本条第1款的规定,国家支持电信业务经营者、银行业金融机构、非银行支付机构、互联网服务提供者研究开发有关电信网络诈骗反制技术,用于监测识别、动态封堵和处置涉诈异常信息、活动。反电信网络诈骗工作主要涉及金融、电信、互联网等有关行业领域,反制技术的研究开发主体为上述行业领域涉及的主要企业,即电信业务经营者、银行业金融机构、非银行支付机构、互联网服务提供者。反制技术内容涵盖广,行业领域不局限,包括建立监测模型、大数据应用、可疑交易识别、网页网址巡查、改进优化算法等。反制技术应用于涉诈异常信息和活动的发现、封堵和采取处置措施,既可以是直接用于监测识别、动态封堵和处置涉诈异常信息、活动的方式和手段,也可以是为实现上述目的而提供的依据。

本条第2款主要对公安、金融、电信、网信部门在反制技术建设方面的职责作出规定。电信网络诈骗的防治工作是一项系统工程,需要电信业务经营者、银行业金融机构、非银行支付机构、互联网服务提供者做好前端监测和防范,更需要有关部门统筹做好行业领域

第五章 综合措施 51

内的反制技术建设工作,并建立完善有关涉诈异常信息、活动的监测识别、动态封堵和处置机制。公安、金融、电信、网信部门统筹,将本行业领域在日常反电信网络诈骗工作监测识别中发现的涉诈数据、"黑样本"进行共享,积极推进电信网络诈骗样本信息数据共享。

本条第3款是关于本法第11条、第12条、第18条、第22条和本条第2款规定的涉诈异常情形采取处置措施的告知及申诉的规定。根据本款的规定,作出决定的部门、单位应当建立完善申诉渠道,及时受理申诉并核查。作出决定的部门和单位主要包括公安机关和金融、电信、互联网企业以及行业主管部门。作出决定的部门、单位既要履行对涉电信网络诈骗异常情形的前端监测识别职责,也要对采取限制、暂停服务等处置措施的决定负责。受理申诉的部门和单位,要完善申诉渠道和做好申诉处理。有关部门、单位要建立完善申诉机制,畅通渠道,包括申诉的流程、处理部门、核查程序、结果处置、备案存档等。

第三十三条 【涉诈网络身份认证公共服务】国家推进网络身份认证公共服务建设,支持个人、企业自愿使用,电信业务经营者、银行业金融机构、非银行支付机构、互联网服务提供者对存在涉诈异常的电话卡、银行账户、支付账户、互联网账号,可以通过国家网络身份认证公共服务对用户身份重新进行核验。

条文注释

本条是关于涉诈网络身份认证公共服务的规定。

本条规定支持个人、企业自愿使用国家网络身份认证公共服务。根据本法规定,任何个人、企业使用国家网络身份认证公共服务进行身份核验,以及电信业务经营者、银行业金融机构、非银行支付机构、互联网服务提供者使用国家网络身份认证公共服务,对存在涉诈异常的卡号、账号重新进行用户真实身份核验,均坚持自愿原则。本条中"自愿使用""可以通过"等表述,充分表明了相关主体使用国家网络身份认证公共服务的自愿性。国家网络身份认证公共服务具有公共属性和服务属性,面向社会公众统一提供服务,支持个人、企业自愿使用。同时,授权电信业务经营者、银行业金融机构、非银行支付机构、互联网服务提供者,对存在涉诈异常的电话卡、银行账户、支付账户、互联网账号,可以通过国家网络身份认证公共服务,重新核验用户身份,为落实本法规定的二次身份核验义务提供了便利途径。

另外,本条对使用国家网络身份认证公共服务二次核验用户身份的范围,严格限定为存在涉诈异常的电话卡、银行账户、支付账户、互联网账号,既突出了重点,确保犯罪预防的精准性,又降低了犯罪预防的社会成本。

关联法规

《个人信息保护法》第 62 条

《网络安全法》第 24 条

> **第三十四条 【预警劝阻和被害人救助】**公安机关应当会同金融、电信、网信部门组织银行业金融机构、非银行支付机构、电信业务经营者、互联网服务提供者等建立预警劝阻系统,对预警发现的潜在被害人,根据情况及时采取相应劝阻措施。对电信网络诈骗案件应当加强追赃挽损,完善涉案资金处置制度,及时返还被害人的合法财产。对遭受重大生活困难的被害人,符合国家有关救助条件的,有关方面依照规定给予救助。

条文注释

本条是关于在反电信网络诈骗工作中建立预警劝阻系统和被害人救助的规定。

本条包含以下三个方面的内容:

(1)关于在反电信网络诈骗工作中建立预警劝阻系统的规定。根据本条规定,公安机关应当会同金融、电信、网信部门组织银行业金融机构、非银行支付机构、电信业务经营者、互联网服务提供者等建立预警劝阻系统,对预警发现的潜在被害人,根据情况及时采取相应劝阻措施。当前,比较高发的电信网络诈骗案件种类主要有刷单、贷款、"杀猪盘"、冒充客服等,它们都有一定的案发周期,当被害人发现自己上当受骗时,其资金早已不知所踪,所以要加强预警劝阻工作。有关部门需要强化精准预警劝阻,积极开发精准预警、电信诈骗风险人员数据库等应用,对下发的预警数据开展研判、流转、预警、电话或劝阻。

(2)关于加强追赃挽损的规定。根据本条规定,对电信网络诈骗案件应当加强追赃挽损,完善涉案资金处置制度,及时返还被害人的合法财产。追赃挽损是处理涉众犯罪的难点和薄弱环节,一方面电信网络诈骗案件的被害人常因电信网络诈骗分子难以抓获而无法追回损失,另一方面涉诈资金溯源难,因被害人不明而长期被冻结的涉诈资金处置问题,已经成为追赃挽损的突出问题。诈骗团伙通过多种方式混合洗钱并做多层物理隔断后,所冻结资金很难清晰划分资金归属。电信网络诈骗犯罪中追缴和退赔的违法所得,如果是被害人的合法财产,应当及时返还。

(3)关于救助的规定。本条规定,对遭受重大生活困难的被害人,符合国家有关救助条件的,有关方面依照规定给予救助。这里的有关方面,指本法中相关主管部门,其根据规定对符合国家救助条件的被害人给予救助。救助包括社会救助和司法救助。

关联法规

《刑法》第 64 条

《社会救助暂行办法》第 9 条

第三十五条 【特定风险防范措施】经国务院反电信网络诈骗工作机制决定或者批准,公安、金融、电信等部门对电信网络诈骗活动严重的特定地区,可以依照国家有关规定采取必要的临时风险防范措施。

条文注释

本条是关于反电信网络诈骗工作特定风险防范措施的规定。

本条包含以下三个方面的内容：第一，采取特定风险防范措施，要经国务院反电信网络诈骗工作机制决定或者批准。实践中，反电信网络诈骗工作需要实行跨部门、跨地区的信息收集、分析和研判等，建立科学、高效的工作体制和机制。设立国务院反电信网络诈骗工作机制，依照有关申请或者根据实际情况决定对电信网络诈骗活动严重的特定地区，采取必要的临时风险防范措施，对于打击电信网络诈骗活动是必要的。但特定的风险防范措施多涉及公民的通信自由等基本权利，不能由地方自己决定，这有利于保证采取此类措施的标准、尺度的统一。第二，特定的风险防范措施针对的是电信网络诈骗活动严重的特定地区。特定地区是指电信网络诈骗活动高发、多发地区，其犯罪活动呈现地域性、家族性等特征。第三，采取特定的风险防范措施要依照国家有关规定。拟采取风险防范措施的具体方式，因涉及地域、对象、审批程序等，要有相应的国家相关规定的依据，即要"依照国家有关规定"采取此类措施方式。

实践中，各部门和地区应当坚持法治思维，统筹发展和安全。对电信网络诈骗活动严重的特定地区采取必要的临时风险防范措施应当依法进行，维护公民和组织的合法权益。从执法角度来说，有关部门应当严格依照本法和其他法律法规的规定，依法开展各种反电信网络诈骗工作，严格按照过罚相当原则，根据地区实际情况开展工作。在反电信网络诈骗工作中，有关部门既要依法采取必要的临时风险防范措施，有效防范和制止电信网络诈骗活动，也要树立尊重和保障人权的意识，防止发生损害公民和组织合法权益的情况。

第三十六条　【限制出境措施】对前往电信网络诈骗活动严重地区的人员，出境活动存在重大涉电信网络诈骗活动嫌疑的，移民管理机构可以决定不准其出境。

> 因从事电信网络诈骗活动受过刑事处罚的人员,设区的市级以上公安机关可以根据犯罪情况和预防再犯罪的需要,决定自处罚完毕之日起六个月至三年以内不准其出境,并通知移民管理机构执行。

条文注释

本条是关于反电信网络诈骗工作限制出境措施的规定。

本条第1款主要针对涉嫌出境从事电信网络诈骗犯罪人员,即应对其及时采取出入境管控措施,使其配合反电信网络诈骗工作的其他技术措施,阻断境内境外勾连的"人员链",多渠道联动防范危害结果的发生。通过对疑似涉诈人员询问情况、查验劳务派遣合同真伪、与相关劳务派遣公司核实等手段查控拦截,能够有效实现严防出境作案。关于决定程序,根据本款规定,决定不准出境的主体是移民管理机构。

本条第2款针对的是因从事电信网络诈骗活动受过刑事处罚的人员。对涉电信网络诈骗前科人员,根据犯罪情况和预防再犯罪的需要,调查清楚其目前工作生活情况、现实表现,依据其涉案金额等犯罪情节综合研判,作出对其限制出境的决定。关于决定程序,根据本款规定,决定不准出境的主体为设区的市级以上公安机关。此处通过适当提高不准出境决定主体层级,加大对公民出境权利的保障。公安机关决定后,通知移民管理机构。对于不予签发出境证件的时限,本条规定了最低年限和最高年限,即最低6个月、最高3年。

关联法规

《出境入境管理法》第12条

> **第三十七条 【国际合作】**国务院公安部门等会同外交部门加强国际执法司法合作,与有关国家、地区、国际组织建立有效合作机制,通过开展国际警务合作等方式,提升在信息交流、调查取证、侦查抓捕、追赃挽损等方面的合作水平,有效打击遏制跨境电信网络诈骗活动。

条文注释

本条是关于反电信网络诈骗工作开展国际合作的规定。

本条是我国开展反电信网络诈骗工作国际合作的原则性规定，明确了我国可以与其他国家、地区、国际组织开展反电信网络诈骗合作。合作的对象是其他国家、地区、国际组织，一般是国家或者地区相应级别的政府及其主管部门。合作的内容包括信息交流、执法司法合作、刑事司法协助、引渡等。开展反电信网络诈骗工作国际合作的主体是国务院公安部门、外交部门、中国人民银行等有关部门。实践中，由什么部门实施，应当根据合作的具体内容来确定。

目前，世界上许多国家签订双边国际司法协助条约，有的还为专项目的而签订条约，如"移管被判刑人条约"等。从各国司法实践情况来看，国际执法司法合作已经成为有效惩治犯罪、保护个人和组织的合法权益，维护国家利益和社会秩序的一种重要手段，能够使犯罪分子的犯罪行为不因国家在地域管辖上的限制而逃脱法网，对维护国际社会的共同利益具有很重要的作用。加强警务合作，有利于提高打击跨境反电信网络诈骗犯罪工作的灵活性和主动性，提升在信息交流、调查取证、侦查抓捕、追赃挽损等方面的合作水平，及时防范打击电信网络诈骗活动，是针对电信网络诈骗活动特点等进行国际反电信网络诈骗合作的有效方式。

第六章 法 律 责 任

第三十八条 【从事电信网络诈骗活动的刑事责任和行政责任】组织、策划、实施、参与电信网络诈骗活动或者为电信网络诈骗活动提供帮助，构成犯罪的，依法追究刑事责任。

前款行为尚不构成犯罪的，由公安机关处十日以上十五日以下拘留；没收违法所得，处违法所得一倍以上十倍以下罚款，没有违法所得或者违法所得不足一万元的，处十万元以下罚款。

> 条文注释

本条是关于从事电信网络诈骗活动的刑事责任和行政责任的规定。

本条中的组织,是指电信网络诈骗活动的组织者、领导者、首要分子所进行的纠集行为。行为人在组织过程中采取的手段具有多样性,包括招募、雇用、强迫、威胁、勾引、收买等,既包括将本来就有意愿从事电信网络诈骗的人员纠合起来,也包括采用威逼利诱等手段聚集人员实施电信网络诈骗活动。所谓策划,是指对如何实施电信网络诈骗活动进行谋划的行为,如制定实施电信网络诈骗犯罪的行动计划、方案,确定电信网络诈骗集团的内部分工和具体诈骗流程等。所谓提供帮助,是指为实施某一电信网络诈骗活动提供一般帮助行为,通常情况下共同犯罪中的帮助犯,一般在交通、住处、费用结算、招募人员等方面提供支持。

本条第 2 款是关于从事电信网络诈骗活动的行政责任的规定。"尚不构成犯罪的"在实践中一般是指:(1)根据《刑法》的规定,犯罪情节显著轻微,尚不构成犯罪的。如教唆、诱骗他人从事电信网络诈骗活动的,诈骗时间短、违法所得较少的,或者提供信息、物资、劳务、场所等支持帮助情节较轻的。(2)根据刑事政策,认定情节显著轻微,不作为犯罪论处的。

> 关联法规

《刑法》第 266 条

《最高人民法院、最高人民检察院关于办理诈骗刑事案件具体应用法律若干问题的解释》第 2 条第 1 款

《最高人民法院、最高人民检察院、公安部关于办理电信网络诈骗等刑事案件适用法律若干问题的意见》

第三十九条 【违反本法有关电信治理规定的处罚】电信业务经营者违反本法规定,有下列情形之一的,由有关主管部门责令改正,情节较轻的,给予警告、通报批评,或者处五万元

以上五十万元以下罚款;情节严重的,处五十万元以上五百万元以下罚款,并可以由有关主管部门责令暂停相关业务、停业整顿、吊销相关业务许可证或者吊销营业执照,对其直接负责的主管人员和其他直接责任人员,处一万元以上二十万元以下罚款:

(一)未落实国家有关规定确定的反电信网络诈骗内部控制机制的;

(二)未履行电话卡、物联网卡实名制登记职责的;

(三)未履行对电话卡、物联网卡的监测识别、监测预警和相关处置职责的;

(四)未对物联网卡用户进行风险评估,或者未限定物联网卡的开通功能、使用场景和适用设备的;

(五)未采取措施对改号电话、虚假主叫或者具有相应功能的非法设备进行监测处置的。

条文注释

本条是关于电信业务经营者违反本法有关电信治理规定的处罚的规定。

根据本条规定,违反本法有关电信治理规定的行为人的法律责任主要分为两档。

一是电信业务经营者出现本条列举的情形,一般性违反本法规定,由有关主管部门责令改正,情节较轻的,给予警告、通报批评或者罚款。这里的情节较轻,是指电信业务经营者违反反电信网络诈骗法律法规的相关行为的违法程度尚属轻微,并不严重,如未履行相关义务的时间不长、造成的危害和影响尚限可控、积极主动采取措施整改较大程度弥补了漏洞等。

二是当电信业务经营者出现本条列举的情形,违反本法规定,情节严重的,由有关主管部门处以罚款,并由有关主管部门责令暂停相关业务、停业整顿、吊销相关业务许可证或者吊销营业执照,同时对其单位的责任人员处以罚款。这里的情节严重,是指电信业务经营者违反反电信网络诈骗法律法规的相关行为的违法程度严重,行为恶劣,如蓄意长期不履行相关义务、故意实施相关行为规避监管、造成巨大风险和危害、给人民群众造成巨大损失、产生的风险和危害无法弥补等。

此外,本条规定了电信业务经营者违法应接受处罚的五种情形:

(1)未落实国家有关规定确定的反电信网络诈骗内部控制机制的。本项要求的是国家规定确定的反电信网络诈骗内部控制机制,包括根据本法、《个人信息保护法》、《电信条例》等法律、行政法规、其他规范性文件等确立的内部控制机制。电信业务经营者在国家规定确定的内控机制以外设立的其他涉及反电信网络诈骗的自行规范或者内部要求,不属于本项规定的"国家有关规定确定的反电信网络诈骗内部控制机制"的范围。

(2)未履行电话卡、物联网卡实名制登记职责的。根据本法第9条、第12条的规定,电信业务经营者未能落实电话用户真实身份信息登记、物联网卡实名制登记的,有关主管部门根据本项规定对其予以处罚。

(3)未履行对电话卡、物联网卡的监测识别、监测预警和相关处置职责的。根据本法第10条、第11条、第12条第3款的规定,电信业务经营者未就用户办理电话卡数量实施总数统计、上限限制,未对监测识别的涉诈异常电话卡重新进行实名核验、提高风险等级核验等进一步预警和处置措施,对异常使用的物联网卡未采取暂停服务、重新核验身份和使用场景或者其他处置措施的,有关主管部门根据本项规定对其予以处罚。

(4)未对物联网卡用户进行风险评估,或者未限定物联网卡的开通功能、使用场景和适用设备的。针对实践中电信网络诈骗分子利用物联网卡进行诈骗的行为,需要电信业务经营者通过风险控制的方式,主动识别和评估物联网卡被用于电信网络诈骗的可能性;如果未经评估就销售物联网卡,或者评估未通过但无视风险继续销售物联网卡,都属于物联网卡用户风险评估制度失效,电信业务经营者应当承担法律责任。电信业务经营者应在技术上限定物联网卡开通功能、使用场景和适用设备,一旦发现物联网卡的使用超出了限定的功能、场景和设备,应依法通过技术手段阻断物联网卡的使用。电信业务经营者如果未依法在技术上有效限制物联网卡的使用功能、场景和范围,应当承担法律责任。

(5)未采取措施对改号电话、虚假主叫或者具有相应功能的非法设备进行监测处置的。根据本项规定,电信业务经营者如果未采取相应技术措施,对改号电话、虚假主叫或者具有相应功能的非法设备进行识别、监测并进行封堵、拦截、阻断、溯源核查,应当承担法律责任。

第四十条 【违反本法有关金融治理规定的处罚】银行业金融机构、非银行支付机构违反本法规定,有下列情形之一的,由有关主管部门责令改正,情节较轻的,给予警告、通报批评,或者处五万元以上五十万元以下罚款;情节严重的,处五十万元以上五百万元以下罚款,并可以由有关主管部门责令停止新增业务、缩减业务类型或者业务范围、暂停相关业务、停业整顿、吊销相关业务许可证或者吊销营业执照,对其直接负责的主管人员和其他直接责任人员,处一万元以上二十万元以下罚款:

(一)未落实国家有关规定确定的反电信网络诈骗内部控制机制的;

(二)未履行尽职调查义务和有关风险管理措施的;

(三)未履行对异常账户、可疑交易的风险监测和相关处置义务的;

(四)未按照规定完整、准确传输有关交易信息的。

条文注释

本条是关于银行业金融机构、非银行支付机构违反本法有关金融治理规定的处罚的规定。

根据本条规定,银行业金融机构、非银行支付机构违反本法规定的相关情形应当承担的法律责任主要分为两档。

一是当银行业金融机构、非银行支付机构出现本条列举的情形,一般性违反本法规定,由有关主管部门责令改正,对于情节较轻的违法行为,由有关主管部门给予警告、通报批评或者罚款。这里规定的有关主管部门,主要是指银行业金融机构、非银行支付机构的行业主管部门,包括人民银行等。

二是当银行业金融机构、非银行支付机构出现本条列举的情形,违反本法规定,情节严重的,由有关主管部门处以罚款,并由有关主管部门责令暂停相关业务、停业整顿、吊销相关业务许可证或者吊销营业执照,同时对其单位的责任人员处以罚款。这里的责令停止新增业务、缩减业务类型,是限制开展生产经营活动的一种行政处罚。有关主管部门可以责令具体的银行业金融机构、非银行支付机构在一定期限、一定业务范围、一定地域暂停新增业务或者将原有业务缩减,包括暂停原业务牌照的可续展审批、暂停新用户申请、停止新业务审批申报、取消相关类型种类业务、暂停相关类型业务的办理、将业务类型办理权限提级管理、取消代理权限等。此外,有关主管部门还要对银行业金融机构、非银行支付机构的相关责任人员进行处罚。这里的责任人员,是指银行业金融机构、非银行支付机构直接负责的主管人员和其他直接责任人员。

本条规定了银行业金融机构、非银行支付机构违法应接受处罚的四种情形:

(1)未落实国家有关规定确定的反电信网络诈骗内部控制机制的。

本项要求的是国家规定确定的反电信网络诈骗内部控制机制,包括根据本法、《中国人民银行法》、《商业银行法》、《银行业监督管理法》、《反洗钱法》、《个人信息保护法》等法律、行政法规、其他规范性文件等确立的内部控制机制。

(2)未履行尽职调查义务和有关风险管理措施的。基于本法第

15条、第35条的规定,银行业金融机构、非银行支付机构未履行尽职调查义务和有关风险管理措施的,有关主管部门应予以处罚。

(3)未履行对异常账户、可疑交易的风险监测和相关处置义务的。基于本法第16条、第17条第1款、第18条第1款、第3款的规定,银行业金融机构、非银行支付机构未履行对异常账户、可疑交易的风险监测和相关处置义务的,有关主管部门应根据本项规定,予以处罚。

(4)未按照规定完整、准确传输有关交易信息的。违反本法第19条的规定,不利于银行业金融机构、非银行支付机构完整彻底地执行尽职调查,对相关信息进行回溯和追踪,准确识别可疑交易,并在金融交易阶段及时对有电信诈骗风险的行为采取相关措施,有效防范和惩治电信网络诈骗。此外,交易信息不完整,既不利于公安机关等有关部门侦查、取证、打击电信网络诈骗,也不利于帮助被害人追赃挽损,使关于防范和惩治电信网络诈骗的相关举措无法发挥效果。因而,有处罚的必要性。银行业金融机构、非银行支付机构未按照规定完整、准确传输有关交易信息的,有关主管部门应根据本项规定予以处罚。

第四十一条 【违反本法有关互联网治理规定的处罚】电信业务经营者、互联网服务提供者违反本法规定,有下列情形之一的,由有关主管部门责令改正,情节较轻的,给予警告、通报批评,或者处五万元以上五十万元以下罚款;情节严重的,处五十万元以上五百万元以下罚款,并可以由有关主管部门责令暂停相关业务、停业整顿、关闭网站或者应用程序、吊销相关业务许可证或者吊销营业执照,对其直接负责的主管人员和其他直接责任人员,处一万元以上二十万元以下罚款:

(一)未落实国家有关规定确定的反电信网络诈骗内部控制机制的;

(二)未履行网络服务实名制职责,或者未对涉案、涉诈电话卡关联注册互联网账号进行核验的;

(三)未按照国家有关规定,核验域名注册、解析信息和互联网协议地址的真实性、准确性,规范域名跳转,或者记录并留存所提供相应服务的日志信息的;

(四)未登记核验移动互联网应用程序开发运营者的真实身份信息或者未核验应用程序的功能、用途,为其提供应用程序封装、分发服务的;

(五)未履行对涉诈互联网账号和应用程序,以及其他电信网络诈骗信息、活动的监测识别和处置义务的;

(六)拒不依法为查处电信网络诈骗犯罪提供技术支持和协助,或者未按规定移送有关违法犯罪线索、风险信息的。

【条文注释】

本条是关于电信业务经营者、互联网服务提供者违反本法有关互联网治理规定的处罚的规定。

本条规定电信业务经营者、互联网服务提供者违反本法规定的相关情形应当承担相应的法律责任,该法律责任主要分为两档。

一是电信业务经营者、互联网服务提供者出现本条列举的情形,一般性违反本法规定,由有关主管部门责令改正,对于情节较轻的违法行为,由有关主管部门给予警告、通报批评或者罚款。这里规定的有关主管部门,主要是电信业务经营者、互联网服务提供者的行业主管部门,涉及工业和信息化部门、网络安全和信息化委员会办公室等。这里的情节较轻,是指电信业务经营者、互联网服务提供者违反反电信网络诈骗法律法规的相关行为的违法程度尚属轻微,并不严重,如未履行相关义务的时间不长、造成的危害和影响尚可限可控、积极主动采取措施整改较大程度上弥补了漏洞等。

二是电信业务经营者、互联网服务提供者出现本条列举的情形,违反本法规定,情节严重的,由有关主管部门处以罚款,并由有关主管部门责令暂停相关业务、停业整顿、关闭网站或者应用程序、吊销相关业务许可证或者吊销营业执照,同时对其单位的责任人员处以罚款。这里的情节严重,是指电信业务经营者、互联网服务提供者违反反电信网络诈骗法律法规的相关行为的违法程度严重,行为恶劣,如蓄意长期不履行相关义务、故意实施相关行为规避监管、造成巨大风险和危害、给人民群众造成巨大损失、产生的风险和危害无法消除等。

本条规定了电信业务经营者、互联网服务提供者违法应接受处罚的六种情形:

(1)未落实国家有关规定确定的反电信网络诈骗内部控制机制的。本项要求的是国家规定确定的反电信网络诈骗内部控制机制,包括根据本法、《个人信息保护法》、《网络安全法》、《数据安全法》、《电信条例》等法律、行政法规、其他规范性文件等确立的内部控制机制。

(2)未履行网络服务实名制职责,或者未对涉案、涉诈电话卡关联注册互联网账号进行核验的。根据本项及本法第21条的规定,实名制未真正落实,造成电信网络诈骗风险的,电信业务经营者、互联网服务提供者应承担法律责任。另外,重新核验制度既可以最大化排查电信网络诈骗风险,也可以为误认定涉案、涉诈的相关账号所有人提供救济渠道。根据本项及本法第22条的规定,如果电信业务经营者、互联网服务提供者未履行对关联注册互联网账号进行核验的职责,其应承担法律责任。

(3)未按照国家有关规定,核验域名注册、解析信息和互联网协议地址的真实性、准确性,规范域名跳转,或者记录并留存所提供相应服务的日志信息的。根据本项及本法第24条的规定,电信业务经营者、互联网服务提供者未按照国家有关规定核验相关内容的真实性、准确性,未限制域名跳转次数及保留日志信息的,其应承担法律责任。

(4)未登记核验移动互联网应用程序开发运营者的真实身份信息或者未核验应用程序的功能、用途,为其提供应用程序封装、分发服务的。根据本项和本法第23条的规定，如果电信业务经营者、互联网服务提供者未登记核验移动互联网应用程序开发运营者的真实身份信息或者未核验应用程序的功能、用途，为其提供应用程序封装、分发服务，其应承担法律责任。

（5）未履行对涉诈互联网账号和应用程序，以及其他电信网络诈骗信息、活动的监测识别和处置义务的。根据本项和本法第14条，第22条以及第23条第2款、第3款的规定，电信业务经营者、互联网服务提供者未履行对涉诈互联网账号和应用程序，以及其他电信网络诈骗信息、活动的监测识别和处置义务的，其应承担法律责任。

（6）拒不依法为查处电信网络诈骗犯罪提供技术支持和协助，或者未按规定移送有关违法犯罪线索、风险信息的。根据本项和本法第14条第2款、第26条的规定，如果相关主体拒不依法为查处电信网络诈骗犯罪提供技术支持和协助，或者未按规定移送有关犯罪线索、风险信息，其应承担法律责任。

第四十二条 【从事涉诈黑灰产业的法律责任】违反本法第十四条、第二十五条第一款规定的，没收违法所得，由公安机关或者有关主管部门处违法所得一倍以上十倍以下罚款，没有违法所得或者违法所得不足五万元的，处五十万元以下罚款；情节严重的，由公安机关并处十五日以下拘留。

条文注释

本条是关于从事涉诈黑灰产业的法律责任的规定。

本条是针对本法第14条涉诈非法设备、软件防治，以及第25条第1款涉诈黑灰产业防治规定的法律责任。

针对上述行为，本条规定的法律责任分为三个层次：一是如果实施了本法第14条、第25条第1款规定的非法制造、买卖、提供或者使用用于电信网络诈骗的设备、软件的行为，或者为他人实施电信网络诈骗活动提供了相关支持、帮助活动，则没收违法所得，同时，由公安机关或者有关主管部门处违法所得1倍以上10倍以下罚款。需要注意的是,此处的违法所得需达到5万元以上。二是如果实施了本法第14条、第25条第1款规定的行为,但没有违法所得或者违法所得不足5万元,则将面临50万元以下罚款。三是如果实施了本法第14条、第25条第1款规定的行为,情节严重,但尚不构成犯罪,在被没收全部违法所得、由公安机关或者有关主管部门处违法所得1倍以上10倍以下罚款的同时,还将面临公安机关作出的15日以下拘留的行政处罚。需要注意的是,情节严重与否,需要综合考虑行为的性质、造成的后果等多方面因素。

实践中需要注意区分本条规定的法律责任与《刑法》规定的帮助信息网络犯罪活动罪。本条规定的法律责任,针对的是行为尚不构成犯罪的情形,即任何单位和个人不得从事涉诈"黑灰产",同时不得为他人实施电信网络诈骗活动提供支持或者帮助。如果明知他人实施电信网络诈骗活动而提供涉诈支持、帮助,则应当按照《刑法》第287条之二规定的帮助信息网络犯罪活动罪处罚。

第四十三条 【未履行合理注意义务的法律责任】 违反本法第二十五条第二款规定,由有关主管部门责令改正,情节较轻的,给予警告、通报批评,或者处五万元以上五十万元以下罚款;情节严重的,处五十万元以上五百万元以下罚款,并可以由有关主管部门责令暂停相关业务、停业整顿、关闭网站或者应用程序,对其直接负责的主管人员和其他直接责任人员,处一万元以上二十万元以下罚款。

条文注释

本条是关于电信业务经营者、互联网服务提供者未按照国家有关规定履行合理注意义务的法律责任的规定。

本条是针对本法第25条第2款规定的法律责任。针对该款规定的行为,本条规定的法律责任分为两个层次:一是如果违反了本法第25条第2款的规定,情节较轻,则由有关主管部门责令改正,给予警告、通报批评,或者处 5 万元以上 50 万元以下罚款。二是如果情节严重,则由有关主管部门处 50 万元以上 500 万元以下罚款,还将可能面临有关主管部门责令其暂停相关业务、停业整顿、关闭网站或者应用程序的处罚,以及对其直接负责的主管人员和其他直接责任人员,处 1 万元以上 20 万元以下罚款的处罚。

实践中需要注意的是,本条的法律责任,针对的是电信业务经营者、互联网服务提供者没有按照国家有关规定,没有履行对利用相关业务从事涉诈支持、帮助活动进行监测识别和处置的合理注意义务,但尚不构成犯罪的行为。如果电信业务经营者、互联网服务提供者明知他人利用其相关业务从事涉诈支持、帮助活动,则按照《刑法》第 287 条之二的规定,以帮助信息网络犯罪活动罪处罚;如果涉及拒不履行信息网络安全管理义务,则按照《刑法》第 286 条之一的规定处罚。

关联法规

《网络安全法》第 47 条
《电子商务法》第 38 条
《电信条例》第 61 条

第四十四条 【非法转让电话卡、银行卡的法律责任】违反本法第三十一条第一款规定的,没收违法所得,由公安机关处违法所得一倍以上十倍以下罚款,没有违法所得或者违法所得不足二万元的,处二十万元以下罚款;情节严重的,并处十五日以下拘留。

条文注释

本条是关于非法转让电话卡、银行卡(以下合称"两卡")的法律责任的规定。

本条是针对本法第 31 条第 1 款关于不得非法转让"两卡"规定的法律责任。针对该款规定的行为,本条规定的法律责任分为三个层次:一是如果从事了本法 31 条第 1 款规定的非法买卖、出租、出借电话卡、物联网卡、电信线路、短信端口、银行账户、支付账户、互联网账号等行为,为非法买卖、出租、出借的上述卡、账户、账号等提供实名核验帮助的行为,或者假冒他人身份或者虚构代理关系开立上述卡、账户、账号等行为,则将被没收违法所得,同时,由公安机关处以违法所得1倍以上10倍以下罚款。需要注意的是,此处的违法所得需达到2万元以上。二是如果从事了本法第31条第1款规定的行为,但没有违法所得或者违法所得不足2万元,则将面临20万元以下罚款。三是如果从事了本法第31条第1款规定的行为,情节严重,但尚不构成犯罪,在被没收全部违法所得、由公安机关处以违法所得1倍以上10倍以下罚款的同时,还将面临公安机关作出的15日以下拘留的行政处罚。

关联法规

《最高人民法院、最高人民检察院、公安部关于办理电信网络诈骗等刑事案件适用法律若干问题的意见(二)》第7~9条

第四十五条 【失职渎职或其他违反本法规定的行为的刑事责任】反电信网络诈骗工作有关部门、单位的工作人员滥用职权、玩忽职守、徇私舞弊,或者有其他违反本法规定行为,构成犯罪的,依法追究刑事责任。

条文注释

本条是关于反电信网络诈骗部门、单位的工作人员失职渎职或者有其他违反本法规定的行为的刑事责任的规定。

本条中的滥用职权是指超越职权,违反法律规定的权限和程序决定、处理其无权决定、处理的事项,或者违反规定处理公务,使公共财产、国家和人民利益遭受重大损失的行为;玩忽职守是指严重不负责任,不履行法律所规定的职责或者不认真、不正确或者放弃履行职责,使国家利益、公共利益遭受重大损失的行为;徇私舞弊是指利用职务上的便利和权力,徇个人私利或者亲友私情的行为。

本法对反电信网络诈骗工作总的原则、要求以及电信治理、金

融治理、互联网治理的措施均作出了规定。例如，本法第5条第2款对有关部门、单位和个人的保密要求作了规定，即有关部门和单位、个人应当对在反电信网络诈骗工作过程中知悉的国家秘密、商业秘密和个人隐私、个人信息予以保密。又如，本法第16条第3款规定，中国人民银行、国务院银行业监督管理机构组织有关清算机构建立跨机构开户数量核验机制和风险信息共享机制，并为客户提供查询名下银行账户、支付账户的便捷渠道。银行业金融机构、非银行支付机构应当按照国家有关规定提供开户情况和有关风险信息。相关信息不得用于反电信网络诈骗以外的其他用途。

按照本条的规定，反电信网络诈骗工作有关部门、单位的工作人员，构成犯罪的，要依法追究刑事责任。《刑法》分则第9章对渎职罪作了规定，其中第397条第1款对滥用职权罪、玩忽职守罪作出了规定，第398条对故意泄露国家秘密罪、过失泄露国家秘密罪作了规定；第219条对侵犯商业秘密罪作了规定。

按照《刑法》的规定，滥用职权和玩忽职守的行为只有"致使公共财产、国家和人民利益遭受重大损失的"，才能构成犯罪，泄露国家秘密必须"情节严重"，才构成犯罪，侵犯商业秘密的行为需要达到"情节严重"，才能构成犯罪。

关联法规

《刑法》第219条、第397条第1款、第398条

《最高人民法院、最高人民检察院关于办理渎职刑事案件适用法律若干问题的解释（一）》第1条

第四十六条 【民事责任的衔接规定】 组织、策划、实施、参与电信网络诈骗活动或者为电信网络诈骗活动提供相关帮助的违法犯罪人员，除依法承担刑事责任、行政责任以外，造成他人损害的，依照《中华人民共和国民法典》等法律的规定承担民事责任。

> 电信业务经营者、银行业金融机构、非银行支付机构、互联网服务提供者等违反本法规定,造成他人损害的,依照《中华人民共和国民法典》等法律的规定承担民事责任。

条文注释

本条是关于民事责任的衔接规定的规定。

本条第1款是关于组织、策划、实施、参与电信网络诈骗活动,或者为电信网络诈骗活动提供帮助的违法犯罪人员承担民事责任的规定。即上述人员除了依法承担刑事责任、行政责任外,造成他人损害的,还将依照《民法典》等法律的规定承担民事责任。

本条第2款是关于电信业务经营者、银行业金融机构、非银行支付机构、互联网服务提供者等主体承担民事责任的规定。即上述主体违反本法规定,造成他人损害的,依照《民法典》等法律的规定承担民事责任。《民法典》第120条规定,民事权益受到侵害的,被侵权人有权请求侵权人承担侵权责任。此外,《民法典》第7编对侵权责任作了全面规定。第1165条第1款规定,行为人因过错侵害他人民事权益造成损害的,应当承担侵权责任。第1184条规定,侵害他人财产的,财产损失按照损失发生时的市场价格或者其他合理方式计算。被害人因电信网络诈骗造成财产损失,组织、策划、实施、参与电信网络诈骗活动,或者为电信网络诈骗活动提供帮助的违法犯罪人员应当承担相应的民事责任。

本条的规定是与《民法典》等法律相衔接的条款,没有创设新的民事责任。根据《民法典》第1197条的规定,网络服务提供者知道或者应当知道网络用户利用其网络服务侵害他人民事权益,未采取必要措施的,与该网络用户承担连带责任。

关联法规

《民法典》第120条、第1165条第1款、第1184条、第1197条

第四十七条 【公益诉讼】人民检察院在履行反电信网络诈骗职责中,对于侵害国家利益和社会公共利益的行为,可以依法向人民法院提起公益诉讼。

【条文注释】

本条是关于人民检察院在履行反电信网络诈骗职责中可以提起公益诉讼的规定。

本条包含三层意思:一是人民检察院在反电信网络诈骗工作中负有相应职责。根据《宪法》第134条以及《人民检察院组织法》第2条、第4条、第20条的规定,人民检察院在反电信网络诈骗工作中通过依法独立行使检察权,督促负有反电信网络诈骗职责的行政机关依法履行相应的管理职责,督促金融、电信、互联网领域相关企业依法履职,维护国家利益和社会公共利益,维护社会公平正义,维护宪法和法律权威,促进国家治理体系和治理能力现代化,切实使反电信网络诈骗工作取得实效。

二是人民检察院行使职权开展公益诉讼需要符合一定条件。本条规定,人民检察院在履行反电信网络诈骗职责中,发现"对于侵害国家利益和社会公共利益的行为",可以依法开展公益诉讼。对于电信网络诈骗犯罪有明确的违法犯罪人员和被害人、因果关系与法律责任清晰的情况,主要依靠刑事依法惩治犯罪行为人并维护被害人的权益。人民检察院在反电信网络诈骗工作中发现行业主管部门、第三方相关企业等存在工作制度不完善、不作为等问题时,主要可依靠检察建议等方式,督促有关方面完善工作。行业主管部门、第三方相关企业等存在严重失职渎职或者不作为的行为,严重侵害国家利益和社会公共利益时,人民检察院可以依法提起公益诉讼。

三是人民检察院可以依法向人民法院提起公益诉讼。这里的"依法"包括《反电信网络诈骗法》《人民检察院组织法》《民事诉讼法》《行政诉讼法》。

关联法规

《宪法》第 134 条
《人民检察院组织法》第 2 条、第 4 条
《人民检察院公益诉讼办案规则》

第四十八条 【行政复议、行政诉讼】 有关单位和个人对依照本法作出的行政处罚和行政强制措施决定不服的,可以依法申请行政复议或者提起行政诉讼。

条文注释

本条是关于对行政处罚和行政强制措施决定不服可以申请行政复议、提起行政诉讼的规定。

本条的适用对象是对依照本法作出的有关行政处罚和行政强制措施不服的行政相对人,包括单位和个人。本法根据反电信网络诈骗工作的实践需要,设定了一些具体的行政处罚和行政强制措施。例如,本法"法律责任"一章对电信业务经营者、银行业金融机构、非银行支付机构、互联网服务提供者、从事电信网络诈骗黑灰产业以及其他实施涉诈非法行为的单位和个人,设定了不同程度的行政处罚;第 36 条对重大涉诈嫌疑人员以及因从事电信网络诈骗活动受到刑事处罚的人员,规定了限制出境的行政强制措施。

本条的适用条件是有关单位和个人对本法规定的行政处罚或者行政强制措施决定不服。无论是行政处罚还是行政强制措施,作为行政相对人的公民、法人或者其他组织,在行政程序中均有权进行陈述和申辩。

本条规定的救济途径包括依法申请行政复议或者提起行政诉讼两种。具体指有关单位和个人可以按照《行政复议法》《行政诉讼法》规定的条件和程序申请行政复议、提起行政诉讼。

第七章 附 则

第四十九条 【与其他法律衔接】反电信网络诈骗工作涉及的有关管理和责任制度,本法没有规定的,适用《中华人民共和国网络安全法》《中华人民共和国个人信息保护法》《中华人民共和国反洗钱法》等相关法律规定。

<u>条文注释</u>

本条是关于反电信网络诈骗工作涉及的有关管理和责任制度,本法没有规定的,如何与其他法律衔接的规定。

本法是反电信网络诈骗工作的专门法律,与其他法律中涉及反电信网络诈骗工作的各种管理和责任制度,应当是相互补充、共同推进的关系。对于有关管理和责任制度,本法已经作出专门性规定的,应当适用本法规定;本法没有规定的,应当适用其他相关法律规定。本条对此作出衔接性规定。

在本条的理解适用中需要注意以下两个方面的问题:

第一,对于本法有规定,其他法律暂时没有规定,但本法实施后,又制定有关的新法或者修改有关法律,如何适用的问题。在通常情况下,即使新的法律中涉及反电信网络诈骗工作的有关管理责任制度,也一般与本法的有关规定及精神一致。如果以后其他法律对反电信网络诈骗有关管理责任制度作出新的规定,则需要根据《立法法》等法律中关于新法优于旧法、特别法优于普通法等处理法条竞合的有关规定和精神处理。

第二,对于本法有规定,其他法律也有规定,但相关规定并不完全一致的问题。如本法第 18 条规定的可疑交易监测与报告制度与反洗钱相关法律法规规定的可疑交易活动的行政调查。根据本法第 18 条第 3 款的规定,对监测识别的异常账户和可疑交易,银行业金融机构、非银行支付机构应当根据风险情况,采取核实交易情况、重新核验身份、延迟支付结算、限制或者中止有关业务等必要的防范措施。

根据《反洗钱法》第 35 条的规定,金融机构应当按照规定执行大额交易和可疑交易报告制度。发现可疑交易明显涉嫌洗钱、恐怖融资等犯罪活动的,金融机构应当在向中国反洗钱监测分析中心提交可疑交易报告的同时,以电子形式或书面形式向所在地中国人民银行或者其分支机构报告,并配合反洗钱调查。可见,反洗钱相关法律法规并没有赋予金融机构可以直接采取限制或者中止有关业务等防范措施的权力,对于临时冻结这种具有临时性限制交易性质的措施也规定了较为严格的程序和条件。

本法规定银行业金融机构等可以采取必要防范措施,属于针对涉电信网络诈骗的新规定,实践中要注意应当严格限制在反电信网络诈骗活动监测机制中识别出的异常账户和可疑交易。对于已经依照本法规定采取了必要防范措施的,也不妨碍依照反洗钱相关法律法规规定采取其他措施;对于涉嫌其他犯罪的洗钱活动(如涉嫌有组织犯罪)或者其他违法行为的可疑交易,应当按照反洗钱相关法律法规有关规定执行。

第五十条 【施行日期】本法自 2022 年 12 月 1 日起施行。

条文注释

本条是关于本法施行日期的规定。

法律的施行日期,是指法律开始施行并发生法律效力的日期。关于法律的施行时间,《立法法》有明确规定。《立法法》第 61 条规定:"法律应当明确规定施行日期。"法律的施行时间,是法律效力的起点。一部法律何时开始生效,一般是由该法律的具体性质和实际需要决定的。

本法施行时间采取了另定时间施行的方式。根据本条规定,本法自 2022 年 12 月 1 日起施行。

实践中需要注意的是,法律的施行时间还涉及法律对其施行前的行为有无溯及力的问题。就本法而言,本法针对电信业务经营者、互联网服务提供者、银行业金融机构、非银行支付机构存在违反本法规定的情形,设置了相应的法律责任,尤其是行政责任和民事责任。根据《立法法》第104条的规定,法律、行政法规、地方性法规、自治条例和单行条例、规章不溯及既往,但为了更好地保护公民、法人和其他组织的权利和利益而作的特别规定除外。本法考虑到电信网络诈骗及其相关黑灰产业的社会危害性,对违反本法规定的义务的情形,设置了较重的行政处罚,因此一般不溯及既往,即只有在本法施行之后,违反本法规定的行为才会按照本法规定进行处罚。

关联法规

《立法法》第61条、第104条

附录

一、法律文件

中华人民共和国民法典(节录)

(2020年5月28日第十三届全国人民代表大会第三次会议通过 2020年5月28日中华人民共和国主席令第45号公布 自2021年1月1日起施行)

第一百二十条 【侵权责任的承担】民事权益受到侵害的,被侵权人有权请求侵权人承担侵权责任。

第一千一百六十五条 【过错责任与过错推定责任原则】行为人因过错侵害他人民事权益造成损害的,应当承担侵权责任。

依照法律规定推定行为人有过错,其不能证明自己没有过错的,应当承担侵权责任。

第一千一百八十四条 【财产损失计算方式】侵害他人财产的,财产损失按照损失发生时的市场价格或者其他合理方式计算。

第一千一百九十四条 【网络侵权责任】网络用户、网络服务提供者利用网络侵害他人民事权益的,应当承担侵权责任。法律另有规定的,依照其规定。

第一千一百九十五条 【网络服务提供者侵权补救措施与责任承担】网络用户利用网络服务实施侵权行为的,权利人有权通知网络服务提供者采取删除、屏蔽、断开链接等必要措施。通知应当包括构成侵权的初步证据及权利人的真实身份信息。

网络服务提供者接到通知后,应当及时将该通知转送相关网络用户,并根据构成侵权的初步证据和服务类型采取必要措施;未及时采取必要措施的,对损害的扩大部分与该网络用户承担连带责任。

权利人因错误通知造成网络用户或者网络服务提供者损害的,应当承担侵权责任。法律另有规定的,依照其规定。

第一千一百九十六条 【不侵权声明】网络用户接到转送的通知后,可以向网络服务提供者提交不存在侵权行为的声明。声明应当包括不存在侵权行为的初步证据及网络用户的真实身份信息。

网络服务提供者接到声明后,应当将该声明转送发出通知的权利人,并告知其可以向有关部门投诉或者向人民法院提起诉讼。网络服务提供者在转送声明到达权利人后的合理期限内,未收到权利人已经投诉或者提起诉讼通知的,应当及时终止所采取的措施。

第一千一百九十七条 【网络服务提供者的连带责任】网络服务提供者知道或者应当知道网络用户利用其网络服务侵害他人民事权益,未采取必要措施的,与该网络用户承担连带责任。

中华人民共和国刑法(节录)

[1979年7月1日第五届全国人民代表大会第二次会议通过 1997年3月14日第八届全国人民代表大会第五次会议修订 根据1998年12月29日第九届全国人民代表大会常务委员会第六次会议通过的《关于惩治骗购外汇、逃汇和非法买卖外汇犯罪的决定》、1999年12月25日第九届全国人民代表大会常务委员会第十三次会议通过的《中华人民共和国刑法修正案》、2001年8月31日第九届全国人民代表大会常务委员会第二十三次会议通过的《中华人民共和国刑法修正案(二)》、2001年12月29日第九届全国人民代表大会常务委员会第二十五次会议通过的《中华人民共和国刑法

修正案(三)》、2002年12月28日第九届全国人民代表大会常务委员会第三十一次会议通过的《中华人民共和国刑法修正案(四)》、2005年2月28日第十届全国人民代表大会常务委员会第十四次会议通过的《中华人民共和国刑法修正案(五)》、2006年6月29日第十届全国人民代表大会常务委员会第二十二次会议通过的《中华人民共和国刑法修正案(六)》、2009年2月28日第十一届全国人民代表大会常务委员会第七次会议通过的《中华人民共和国刑法修正案(七)》、2009年8月27日第十一届全国人民代表大会常务委员会第十次会议通过的《关于修改部分法律的决定》、2011年2月25日第十一届全国人民代表大会常务委员会第十九次会议通过的《中华人民共和国刑法修正案(八)》、2015年8月29日第十二届全国人民代表大会常务委员会第十六次会议通过的《中华人民共和国刑法修正案(九)》、2017年11月4日第十二届全国人民代表大会常务委员会第三十次会议通过的《中华人民共和国刑法修正案(十)》、2020年12月26日第十三届全国人民代表大会常务委员会第二十四次会议通过的《中华人民共和国刑法修正案(十一)》和2023年12月29日第十四届全国人民代表大会常务委员会第七次会议通过的《中华人民共和国刑法修正案(十二)》修正①]

第二百六十六条 【诈骗罪】诈骗公私财物,数额较大的,处三年以下有期徒刑、拘役或者管制,并处或者单处罚金;数额巨大或者有其他严重情节的,处三年以上十年以下有期徒刑,并处罚金;数额特别巨大或者有其他特别严重情节的,处十年以上有期徒刑或者无期徒刑,并处罚金或者没收财产。本法另有规定的,依照规定。

第二百八十六条之一 【拒不履行信息网络安全管理义务罪】网络服务提供者不履行法律、行政法规规定的信息网络安全管理义务,经监管部门责

---

① 刑法、历次刑法修正案、涉及修改刑法的决定的施行日期,分别依据各法律所规定的施行日期确定。

令采取改正措施而拒不改正,有下列情形之一的,处三年以下有期徒刑、拘役或者管制,并处或者单处罚金:

(一)致使违法信息大量传播的;

(二)致使用户信息泄露,造成严重后果的;

(三)致使刑事案件证据灭失,情节严重的;

(四)有其他严重情节的。

单位犯前款罪的,对单位判处罚金,并对其直接负责的主管人员和其他直接责任人员,依照前款的规定处罚。

有前两款行为,同时构成其他犯罪的,依照处罚较重的规定定罪处罚。

第二百八十七条 【利用计算机实施犯罪的提示性规定】利用计算机实施金融诈骗、盗窃、贪污、挪用公款、窃取国家秘密或者其他犯罪的,依照本法有关规定定罪处罚。

第二百八十七条之一 【非法利用信息网络罪】利用信息网络实施下列行为之一,情节严重的,处三年以下有期徒刑或者拘役,并处或者单处罚金:

(一)设立用于实施诈骗、传授犯罪方法、制作或者销售违禁物品、管制物品等违法犯罪活动的网站、通讯群组的;

(二)发布有关制作或者销售毒品、枪支、淫秽物品等违禁物品、管制物品或者其他违法犯罪信息的;

(三)为实施诈骗等违法犯罪活动发布信息的。

单位犯前款罪的,对单位判处罚金,并对其直接负责的主管人员和其他直接责任人员,依照第一款的规定处罚。

有前两款行为,同时构成其他犯罪的,依照处罚较重的规定定罪处罚。

第二百八十七条之二 【帮助信息网络犯罪活动罪】明知他人利用信息网络实施犯罪,为其犯罪提供互联网接入、服务器托管、网络存储、通讯传输等技术支持,或者提供广告推广、支付结算等帮助,情节严重的,处三年以下有期徒刑或者拘役,并处或者单处罚金。

单位犯前款罪的,对单位判处罚金,并对其直接负责的主管人员和其他直接责任人员,依照第一款的规定处罚。

有前两款行为,同时构成其他犯罪的,依照处罚较重的规定定罪处罚。

中华人民共和国网络安全法

(2016年11月7日第十二届全国人民代表大会常务委员会第二十四次会议通过 2016年11月7日中华人民共和国主席令第53号公布 自2017年6月1日起施行)

第一章 总　　则

第一条 【立法目的】为了保障网络安全,维护网络空间主权和国家安全、社会公共利益,保护公民、法人和其他组织的合法权益,促进经济社会信息化健康发展,制定本法。

第二条 【适用范围】在中华人民共和国境内建设、运营、维护和使用网络,以及网络安全的监督管理,适用本法。

第三条 【方针体系】国家坚持网络安全与信息化发展并重,遵循积极利用、科学发展、依法管理、确保安全的方针,推进网络基础设施建设和互联互通,鼓励网络技术创新和应用,支持培养网络安全人才,建立健全网络安全保障体系,提高网络安全保护能力。

第四条 【国家制定完善网络安全战略】国家制定并不断完善网络安全战略,明确保障网络安全的基本要求和主要目标,提出重点领域的网络安全政策、工作任务和措施。

第五条 【国家采取措施维护安全和秩序】国家采取措施,监测、防御、处置来源于中华人民共和国境内外的网络安全风险和威胁,保护关键信息基础设施免受攻击、侵入、干扰和破坏,依法惩治网络违法犯罪活动,维护网络空间安全和秩序。

第六条 【国家倡导形成网络良好环境】国家倡导诚实守信、健康文明的网络行为,推动传播社会主义核心价值观,采取措施提高全社会的网络安全意识和水平,形成全社会共同参与促进网络安全的良好环境。

第七条 【国家建立网络治理体系】国家积极开展网络空间治理、网络技术研发和标准制定、打击网络违法犯罪等方面的国际交流与合作,推动构建和平、安全、开放、合作的网络空间,建立多边、民主、透明的网络治理体系。

第八条 【主管部门】国家网信部门负责统筹协调网络安全工作和相关监督管理工作。国务院电信主管部门、公安部门和其他有关机关依照本法和有关法律、行政法规的规定,在各自职责范围内负责网络安全保护和监督管理工作。

县级以上地方人民政府有关部门的网络安全保护和监督管理职责,按照国家有关规定确定。

第九条 【网络运营者基本义务】网络运营者开展经营和服务活动,必须遵守法律、行政法规,尊重社会公德,遵守商业道德,诚实信用,履行网络安全保护义务,接受政府和社会的监督,承担社会责任。

第十条 【维护网络数据完整性、保密性、可用性】建设、运营网络或者通过网络提供服务,应当依照法律、行政法规的规定和国家标准的强制性要求,采取技术措施和其他必要措施,保障网络安全、稳定运行,有效应对网络安全事件,防范网络违法犯罪活动,维护网络数据的完整性、保密性和可用性。

第十一条 【网络行业组织按章程促进发展】网络相关行业组织按照章程,加强行业自律,制定网络安全行为规范,指导会员加强网络安全保护,提高网络安全保护水平,促进行业健康发展。

第十二条 【依法使用网络的权利保护与禁止行为】国家保护公民、法人和其他组织依法使用网络的权利,促进网络接入普及,提升网络服务水平,为社会提供安全、便利的网络服务,保障网络信息依法有序自由流动。

任何个人和组织使用网络应当遵守宪法法律,遵守公共秩序,尊重社会公德,不得危害网络安全,不得利用网络从事危害国家安全、荣誉和利益,煽动颠覆国家政权、推翻社会主义制度,煽动分裂国家、破坏国家统一,宣扬恐怖主义、极端主义,宣扬民族仇恨、民族歧视,传播暴力、淫秽色情信息,编造、传播虚假信息扰乱经济秩序和社会秩序,以及侵害他人名誉、隐私、知识产权和其他合法权益等活动。

第十三条 【为未成年人提供安全健康的网络环境】国家支持研究开发有利于未成年人健康成长的网络产品和服务，依法惩治利用网络从事危害未成年人身心健康的活动，为未成年人提供安全、健康的网络环境。

第十四条 【对危害网络安全的举报】任何个人和组织有权对危害网络安全的行为向网信、电信、公安等部门举报。收到举报的部门应当及时依法作出处理；不属于本部门职责的，应当及时移送有权处理的部门。

有关部门应当对举报人的相关信息予以保密，保护举报人的合法权益。

第二章　网络安全支持与促进

第十五条 【网络安全国家标准、行业标准】国家建立和完善网络安全标准体系。国务院标准化行政主管部门和国务院其他有关部门根据各自的职责，组织制定并适时修订有关网络安全管理以及网络产品、服务和运行安全的国家标准、行业标准。

国家支持企业、研究机构、高等学校、网络相关行业组织参与网络安全国家标准、行业标准的制定。

第十六条 【政府投入与扶持】国务院和省、自治区、直辖市人民政府应当统筹规划，加大投入，扶持重点网络安全技术产业和项目，支持网络安全技术的研究开发和应用，推广安全可信的网络产品和服务，保护网络技术知识产权，支持企业、研究机构和高等学校等参与国家网络安全技术创新项目。

第十七条 【国家推进体系建设，鼓励安全服务】国家推进网络安全社会化服务体系建设，鼓励有关企业、机构开展网络安全认证、检测和风险评估等安全服务。

第十八条 【国家鼓励开发数据保护和利用技术，支持创新网络安全管理方式】国家鼓励开发网络数据安全保护和利用技术，促进公共数据资源开放，推动技术创新和经济社会发展。

国家支持创新网络安全管理方式，运用网络新技术，提升网络安全保护水平。

第十九条 【网络安全宣传教育】各级人民政府及其有关部门应当组织开展经常性的网络安全宣传教育，并指导、督促有关单位做好网络安全宣传教育工作。

大众传播媒介应当有针对性地面向社会进行网络安全宣传教育。

第二十条　【国家支持网络安全人才培养】国家支持企业和高等学校、职业学校等教育培训机构开展网络安全相关教育与培训，采取多种方式培养网络安全人才，促进网络安全人才交流。

第三章　网络运行安全

第一节　一般规定

第二十一条　【网络安全等级保护制度】国家实行网络安全等级保护制度。网络运营者应当按照网络安全等级保护制度的要求，履行下列安全保护义务，保障网络免受干扰、破坏或者未经授权的访问，防止网络数据泄露或者被窃取、篡改：

（一）制定内部安全管理制度和操作规程，确定网络安全负责人，落实网络安全保护责任；

（二）采取防范计算机病毒和网络攻击、网络侵入等危害网络安全行为的技术措施；

（三）采取监测、记录网络运行状态、网络安全事件的技术措施，并按照规定留存相关的网络日志不少于六个月；

（四）采取数据分类、重要数据备份和加密等措施；

（五）法律、行政法规规定的其他义务。

第二十二条　【网络产品、服务应当符合国家标准强制性要求】网络产品、服务应当符合相关国家标准的强制性要求。网络产品、服务的提供者不得设置恶意程序；发现其网络产品、服务存在安全缺陷、漏洞等风险时，应当立即采取补救措施，按照规定及时告知用户并向有关主管部门报告。

网络产品、服务的提供者应当为其产品、服务持续提供安全维护；在规定或者当事人约定的期限内，不得终止提供安全维护。

网络产品、服务具有收集用户信息功能的，其提供者应当向用户明示并取得同意；涉及用户个人信息的，还应当遵守本法和有关法律、行政法规关于个人信息保护的规定。

第二十三条 【网络关键设备和网络安全专用产品的认证、检测】网络关键设备和网络安全专用产品应当按照相关国家标准的强制性要求,由具备资格的机构安全认证合格或者安全检测符合要求后,方可销售或者提供。国家网信部门会同国务院有关部门制定、公布网络关键设备和网络安全专用产品目录,并推动安全认证和安全检测结果互认,避免重复认证、检测。

第二十四条 【网络运营者应当要求用户提供真实身份信息】网络运营者为用户办理网络接入、域名注册服务,办理固定电话、移动电话等入网手续,或者为用户提供信息发布、即时通讯等服务,在与用户签订协议或者确认提供服务时,应当要求用户提供真实身份信息。用户不提供真实身份信息的,网络运营者不得为其提供相关服务。

国家实施网络可信身份战略,支持研究开发安全、方便的电子身份认证技术,推动不同电子身份认证之间的互认。

第二十五条 【网络运营者应当制定、实施应急预案】网络运营者应当制定网络安全事件应急预案,及时处置系统漏洞、计算机病毒、网络攻击、网络侵入等安全风险;在发生危害网络安全的事件时,立即启动应急预案,采取相应的补救措施,并按照规定向有关主管部门报告。

第二十六条 【开展网络安全活动、向社会发布安全信息,应遵守国家规定】开展网络安全认证、检测、风险评估等活动,向社会发布系统漏洞、计算机病毒、网络攻击、网络侵入等网络安全信息,应当遵守国家有关规定。

第二十七条 【任何人不得进行危害网络安全的活动】任何个人和组织不得从事非法侵入他人网络、干扰他人网络正常功能、窃取网络数据等危害网络安全的活动;不得提供专门用于从事侵入网络、干扰网络正常功能及防护措施、窃取网络数据等危害网络安全活动的程序、工具;明知他人从事危害网络安全的活动的,不得为其提供技术支持、广告推广、支付结算等帮助。

第二十八条 【网络运营者应为公安机关、国家安全机关提供技术支持和协助】网络运营者应当为公安机关、国家安全机关依法维护国家安全和侦查犯罪的活动提供技术支持和协助。

第二十九条 【国家支持网络运营者合作】国家支持网络运营者之间在网络安全信息收集、分析、通报和应急处置等方面进行合作,提高网络运营者的安全保障能力。

有关行业组织建立健全本行业的网络安全保护规范和协作机制,加强对网络安全风险的分析评估,定期向会员进行风险警示,支持、协助会员应对网络安全风险。

第三十条 【履行职责中获取的信息,不得用于其他用途】网信部门和有关部门在履行网络安全保护职责中获取的信息,只能用于维护网络安全的需要,不得用于其他用途。

第二节 关键信息基础设施的运行安全

第三十一条 【关键信息基础设施重点保护】国家对公共通信和信息服务、能源、交通、水利、金融、公共服务、电子政务等重要行业和领域,以及其他一旦遭到破坏、丧失功能或者数据泄露,可能严重危害国家安全、国计民生、公共利益的关键信息基础设施,在网络安全等级保护制度的基础上,实行重点保护。关键信息基础设施的具体范围和安全保护办法由国务院制定。

国家鼓励关键信息基础设施以外的网络运营者自愿参与关键信息基础设施保护体系。

第三十二条 【编制、实施关键信息基础设施安全规划】按照国务院规定的职责分工,负责关键信息基础设施安全保护工作的部门分别编制并组织实施本行业、本领域的关键信息基础设施安全规划,指导和监督关键信息基础设施运行安全保护工作。

第三十三条 【关键信息基础设施建设要求】建设关键信息基础设施应当确保其具有支持业务稳定、持续运行的性能,并保证安全技术措施同步规划、同步建设、同步使用。

第三十四条 【运营者的安全保护义务】除本法第二十一条的规定外,关键信息基础设施的运营者还应当履行下列安全保护义务:

(一)设置专门安全管理机构和安全管理负责人,并对该负责人和关键岗位的人员进行安全背景审查;

(二)定期对从业人员进行网络安全教育、技术培训和技能考核;

(三)对重要系统和数据库进行容灾备份;

(四)制定网络安全事件应急预案,并定期进行演练;

(五)法律、行政法规规定的其他义务。

第三十五条 【关键信息基础设施的国家安全审查】关键信息基础设施

的运营者采购网络产品和服务,可能影响国家安全的,应当通过国家网信部门会同国务院有关部门组织的国家安全审查。

第三十六条 【安全保密协议的签订】关键信息基础设施的运营者采购网络产品和服务,应当按照规定与提供者签订安全保密协议,明确安全和保密义务与责任。

第三十七条 【收集和产生的个人信息和重要数据应当在境内储存】关键信息基础设施的运营者在中华人民共和国境内运营中收集和产生的个人信息和重要数据应当在境内存储。因业务需要,确需向境外提供的,应当按照国家网信部门会同国务院有关部门制定的办法进行安全评估;法律、行政法规另有规定的,依照其规定。

第三十八条 【网络安全及风险的检测评估】关键信息基础设施的运营者应当自行或者委托网络安全服务机构对其网络的安全性和可能存在的风险每年至少进行一次检测评估,并将检测评估情况和改进措施报送相关负责关键信息基础设施安全保护工作的部门。

第三十九条 【关键信息基础设施的安全保护措施】国家网信部门应当统筹协调有关部门对关键信息基础设施的安全保护采取下列措施:

(一)对关键信息基础设施的安全风险进行抽查检测,提出改进措施,必要时可以委托网络安全服务机构对网络存在的安全风险进行检测评估;

(二)定期组织关键信息基础设施的运营者进行网络安全应急演练,提高应对网络安全事件的水平和协同配合能力;

(三)促进有关部门、关键信息基础设施的运营者以及有关研究机构、网络安全服务机构等之间的网络安全信息共享;

(四)对网络安全事件的应急处置与网络功能的恢复等,提供技术支持和协助。

第四章 网络信息安全

第四十条 【建立用户信息保护制度】网络运营者应当对其收集的用户信息严格保密,并建立健全用户信息保护制度。

第四十一条 【网络运营者对个人信息的收集、使用】网络运营者收集、使用个人信息,应当遵循合法、正当、必要的原则,公开收集、使用规则,明示收集、使用信息的目的、方式和范围,并经被收集者同意。

网络运营者不得收集与其提供的服务无关的个人信息,不得违反法律、行政法规的规定和双方的约定收集、使用个人信息,并应当依照法律、行政法规的规定和与用户的约定,处理其保存的个人信息。

第四十二条 【网络运营者应确保其收集的个人信息安全】网络运营者不得泄露、篡改、毁损其收集的个人信息;未经被收集者同意,不得向他人提供个人信息。但是,经过处理无法识别特定个人且不能复原的除外。

网络运营者应当采取技术措施和其他必要措施,确保其收集的个人信息安全,防止信息泄露、毁损、丢失。在发生或者可能发生个人信息泄露、毁损、丢失的情况时,应当立即采取补救措施,按照规定及时告知用户并向有关主管部门报告。

第四十三条 【个人有权要求对其信息予以删除或更正】个人发现网络运营者违反法律、行政法规的规定或者双方的约定收集、使用其个人信息的,有权要求网络运营者删除其个人信息;发现网络运营者收集、存储的其个人信息有错误的,有权要求网络运营者予以更正。网络运营者应当采取措施予以删除或者更正。

第四十四条 【个人和组织不得非法获取、向他人提供个人信息】任何个人和组织不得窃取或者以其他非法方式获取个人信息,不得非法出售或者非法向他人提供个人信息。

第四十五条 【部门及其工作人员的保密义务】依法负有网络安全监督管理职责的部门及其工作人员,必须对在履行职责中知悉的个人信息、隐私和商业秘密严格保密,不得泄露、出售或者非法向他人提供。

第四十六条 【个人和组织不得利用网络实施违法犯罪活动】任何个人和组织应当对其使用网络的行为负责,不得设立用于实施诈骗,传授犯罪方法,制作或者销售违禁物品、管制物品等违法犯罪活动的网站、通讯群组,不得利用网络发布涉及实施诈骗,制作或者销售违禁物品、管制物品以及其他违法犯罪活动的信息。

第四十七条 【网络运营者应当对用户发布的信息进行管理】网络运营者应当加强对其用户发布的信息的管理,发现法律、行政法规禁止发布或者传输的信息的,应当立即停止传输该信息,采取消除等处置措施,防止信息扩散,保存有关记录,并向有关主管部门报告。

第四十八条 【电子信息、应用软件不得设置恶意程序,含有禁止信息】任何个人和组织发送的电子信息、提供的应用软件,不得设置恶意程序,不得含有法律、行政法规禁止发布或者传输的信息。

电子信息发送服务提供者和应用软件下载服务提供者,应当履行安全管理义务,知道其用户有前款规定行为的,应当停止提供服务,采取消除等处置措施,保存有关记录,并向有关主管部门报告。

第四十九条 【网络信息安全投诉、举报制度】网络运营者应当建立网络信息安全投诉、举报制度,公布投诉、举报方式等信息,及时受理并处理有关网络信息安全的投诉和举报。

网络运营者对网信部门和有关部门依法实施的监督检查,应当予以配合。

第五十条 【国家网信部门和有关部门对违法信息停止传播】国家网信部门和有关部门依法履行网络信息安全监督管理职责,发现法律、行政法规禁止发布或者传输的信息的,应当要求网络运营者停止传输,采取消除等处置措施,保存有关记录;对来源于中华人民共和国境外的上述信息,应当通知有关机构采取技术措施和其他必要措施阻断传播。

第五章 监测预警与应急处置

第五十一条 【网络安全监测预警和信息通报制度】国家建立网络安全监测预警和信息通报制度。国家网信部门应当统筹协调有关部门加强网络安全信息收集、分析和通报工作,按照规定统一发布网络安全监测预警信息。

第五十二条 【关键信息网络安全监测预警和信息通报制度】负责关键信息基础设施安全保护工作的部门,应当建立健全本行业、本领域的网络安全监测预警和信息通报制度,并按照规定报送网络安全监测预警信息。

第五十三条 【网络安全风险评估及应急预案】国家网信部门协调有关部门建立健全网络安全风险评估和应急工作机制,制定网络安全事件应急预案,并定期组织演练。

负责关键信息基础设施安全保护工作的部门应当制定本行业、本领域的网络安全事件应急预案,并定期组织演练。

网络安全事件应急预案应当按照事件发生后的危害程度、影响范围等因素对网络安全事件进行分级,并规定相应的应急处置措施。

第五十四条 【应对网络安全风险采取的措施】网络安全事件发生的风险增大时,省级以上人民政府有关部门应当按照规定的权限和程序,并根据网络安全风险的特点和可能造成的危害,采取下列措施:

(一)要求有关部门、机构和人员及时收集、报告有关信息,加强对网络安全风险的监测;

(二)组织有关部门、机构和专业人员,对网络安全风险信息进行分析评估,预测事件发生的可能性、影响范围和危害程度;

(三)向社会发布网络安全风险预警,发布避免、减轻危害的措施。

第五十五条 【网络安全事件的应对】发生网络安全事件,应当立即启动网络安全事件应急预案,对网络安全事件进行调查和评估,要求网络运营者采取技术措施和其他必要措施,消除安全隐患,防止危害扩大,并及时向社会发布与公众有关的警示信息。

第五十六条 【有关部门对网络运营者代表人或负责人约谈】省级以上人民政府有关部门在履行网络安全监督管理职责中,发现网络存在较大安全风险或者发生安全事件的,可以按照规定的权限和程序对该网络的运营者的法定代表人或者主要负责人进行约谈。网络运营者应当按照要求采取措施,进行整改,消除隐患。

第五十七条 【处置的法律依据】因网络安全事件,发生突发事件或者生产安全事故的,应当依照《中华人民共和国突发事件应对法》、《中华人民共和国安全生产法》等有关法律、行政法规的规定处置。

第五十八条 【特定区域限制网络通信】因维护国家安全和社会公共秩序,处置重大突发社会安全事件的需要,经国务院决定或者批准,可以在特定区域对网络通信采取限制等临时措施。

第六章 法 律 责 任

第五十九条 【不履行安全保护义务的法律责任】网络运营者不履行本法第二十一条、第二十五条规定的网络安全保护义务的,由有关主管部门责令改正,给予警告;拒不改正或者导致危害网络安全等后果的,处一万元以上十万元以下罚款,对直接负责的主管人员处五千元以上五万元以下罚款。

关键信息基础设施的运营者不履行本法第三十三条、第三十四条、第三十六条、第三十八条规定的网络安全保护义务的,由有关主管部门责令改正,给予警告;拒不改正或者导致危害网络安全等后果的,处十万元以上一百万元以下罚款,对直接负责的主管人员处一万元以上十万元以下罚款。

第六十条 【设置恶意程序,对安全缺陷、漏洞未及时补救,擅自终止安全维护的法律责任】违反本法第二十二条第一款、第二款和第四十八条第一款规定,有下列行为之一的,由有关主管部门责令改正,给予警告;拒不改正或者导致危害网络安全等后果的,处五万元以上五十万元以下罚款,对直接负责的主管人员处一万元以上十万元以下罚款:

(一)设置恶意程序的;

(二)对其产品、服务存在的安全缺陷、漏洞等风险未立即采取补救措施,或者未按照规定及时告知用户并向有关主管部门报告的;

(三)擅自终止为其产品、服务提供安全维护的。

第六十一条 【违反真实身份信息制度的法律责任】网络运营者违反本法第二十四条第一款规定,未要求用户提供真实身份信息,或者对不提供真实身份信息的用户提供相关服务的,由有关主管部门责令改正;拒不改正或者情节严重的,处五万元以上五十万元以下罚款,并可以由有关主管部门责令暂停相关业务、停业整顿、关闭网站、吊销相关业务许可证或者吊销营业执照,对直接负责的主管人员和其他直接责任人员处一万元以上十万元以下罚款。

第六十二条 【违法开展网络安全活动,发布安全信息的法律责任】违反本法第二十六条规定,开展网络安全认证、检测、风险评估等活动,或者向社会发布系统漏洞、计算机病毒、网络攻击、网络侵入等网络安全信息的,由有关主管部门责令改正,给予警告;拒不改正或者情节严重的,处一万元以上十万元以下罚款,并可以由有关主管部门责令暂停相关业务、停业整顿、关闭网站、吊销相关业务许可证或者吊销营业执照,对直接负责的主管人员和其他直接责任人员处五千元以上五万元以下罚款。

第六十三条 【从事或者辅助危害网络安全活动的法律责任】违反本法第二十七条规定,从事危害网络安全的活动,或者提供专门用于从事危害网络安全活动的程序、工具,或者为他人从事危害网络安全的活动提供技术支持、广告推广、支付结算等帮助,尚不构成犯罪的,由公安机关没收违法所得,处五日以下拘留,可以并处五万元以上五十万元以下罚款;情节较重的,处五日以上十五日以下拘留,可以并处十万元以上一百万元以下罚款。

单位有前款行为的,由公安机关没收违法所得,处十万元以上一百万元以下罚款,并对直接负责的主管人员和其他直接责任人员依照前款规定处罚。

违反本法第二十七条规定,受到治安管理处罚的人员,五年内不得从事网络安全管理和网络运营关键岗位的工作;受到刑事处罚的人员,终身不得从事网络安全管理和网络运营关键岗位的工作。

第六十四条 【侵害个人信息的法律责任】网络运营者、网络产品或者服务的提供者违反本法第二十二条第三款、第四十一条至第四十三条规定,侵害个人信息依法得到保护的权利的,由有关主管部门责令改正,可以根据情节单处或者并处警告、没收违法所得、处违法所得一倍以上十倍以下罚款,没有违法所得的,处一百万元以下罚款,对直接负责的主管人员和其他直接责任人员处一万元以上十万元以下罚款;情节严重的,并可以责令暂停相关业务、停业整顿、关闭网站、吊销相关业务许可证或者吊销营业执照。

违反本法第四十四条规定,窃取或者以其他非法方式获取、非法出售或者非法向他人提供个人信息,尚不构成犯罪的,由公安机关没收违法所得,并处违法所得一倍以上十倍以下罚款,没有违法所得的,处一百万元以下罚款。

第六十五条 【使用未经或未通过安全审查的网络产品或服务的法律责任】关键信息基础设施的运营者违反本法第三十五条规定,使用未经安全审查或者安全审查未通过的网络产品或者服务的,由有关主管部门责令停止使用,处采购金额一倍以上十倍以下罚款;对直接负责的主管人员和其他直接责任人员处一万元以上十万元以下罚款。

第六十六条 【在境外存储或向境外提供网络数据的法律责任】关键信息基础设施的运营者违反本法第三十七条规定,在境外存储网络数据,或者向境外提供网络数据的,由有关主管部门责令改正,给予警告,没收违法所得,处五万元以上五十万元以下罚款,并可以责令暂停相关业务、停业整顿、关闭网站、吊销相关业务许可证或者吊销营业执照;对直接负责的主管人员和其他直接责任人员处一万元以上十万元以下罚款。

第六十七条 【设立用于实施违法犯罪活动的网站、通讯群组或发布违法犯罪活动信息的法律责任】违反本法第四十六条规定,设立用于实施违法犯罪活动的网站、通讯群组，或者利用网络发布涉及实施违法犯罪活动的信息，尚不构成犯罪的，由公安机关处五日以下拘留，可以并处一万元以上十万元以下罚款；情节较重的，处五日以上十五日以下拘留，可以并处五万元以上五十万元以下罚款。关闭用于实施违法犯罪活动的网站、通讯群组。

单位有前款行为的，由公安机关处十万元以上五十万元以下罚款，并对直接负责的主管人员和其他直接责任人员依照前款规定处罚。

第六十八条 【对法律法规禁止发布或传输的信息未采取处置措施的法律责任】网络运营者违反本法第四十七条规定，对法律、行政法规禁止发布或者传输的信息未停止传输、采取消除等处置措施、保存有关记录的，由有关主管部门责令改正，给予警告，没收违法所得；拒不改正或者情节严重的，处十万元以上五十万元以下罚款，并可以责令暂停相关业务、停业整顿、关闭网站、吊销相关业务许可证或者吊销营业执照，对直接负责的主管人员和其他直接责任人员处一万元以上十万元以下罚款。

电子信息发送服务提供者、应用软件下载服务提供者，不履行本法第四十八条第二款规定的安全管理义务的，依照前款规定处罚。

第六十九条 【不按要求采取处置措施，拒绝、阻碍监督检查，拒不提供技术支持协助的法律责任】网络运营者违反本法规定，有下列行为之一的，由有关主管部门责令改正；拒不改正或者情节严重的，处五万元以上五十万元以下罚款，对直接负责的主管人员和其他直接责任人员，处一万元以上十万元以下罚款：

（一）不按照有关部门的要求对法律、行政法规禁止发布或者传输的信息，采取停止传输、消除等处置措施的；

（二）拒绝、阻碍有关部门依法实施的监督检查的；

（三）拒不向公安机关、国家安全机关提供技术支持和协助的。

第七十条 【发布或传输禁止信息的法律责任】发布或者传输本法第十二条第二款和其他法律、行政法规禁止发布或者传输的信息的，依照有关法律、行政法规的规定处罚。

第七十一条 【违法行为记入信用档案】有本法规定的违法行为的，依照有关法律、行政法规的规定记入信用档案，并予以公示。

第七十二条 【国家机关政务网络运营者不履行安全保护义务的法律责任】国家机关政务网络的运营者不履行本法规定的网络安全保护义务的，

由其上级机关或者有关机关责令改正;对直接负责的主管人员和其他直接责任人员依法给予处分。

第七十三条 【网信部门和有关部门违反信息使用用途及工作人员渎职的法律责任】网信部门和有关部门违反本法第三十条规定,将在履行网络安全保护职责中获取的信息用于其他用途的,对直接负责的主管人员和其他直接责任人员依法给予处分。

网信部门和有关部门的工作人员玩忽职守、滥用职权、徇私舞弊,尚不构成犯罪的,依法给予处分。

第七十四条 【民事责任、治安处罚、刑事责任】违反本法规定,给他人造成损害的,依法承担民事责任。

违反本法规定,构成违反治安管理行为的,依法给予治安管理处罚;构成犯罪的,依法追究刑事责任。

第七十五条 【境外机构、组织、个人损害关键信息基础设施的法律责任】境外的机构、组织、个人从事攻击、侵入、干扰、破坏等危害中华人民共和国的关键信息基础设施的活动,造成严重后果的,依法追究法律责任;国务院公安部门和有关部门并可以决定对该机构、组织、个人采取冻结财产或者其他必要的制裁措施。

第七章 附 则

第七十六条 【用语含义】本法下列用语的含义:

(一)网络,是指由计算机或者其他信息终端及相关设备组成的按照一定的规则和程序对信息进行收集、存储、传输、交换、处理的系统。

(二)网络安全,是指通过采取必要措施,防范对网络的攻击、侵入、干扰、破坏和非法使用以及意外事故,使网络处于稳定可靠运行的状态,以及保障网络数据的完整性、保密性、可用性的能力。

(三)网络运营者,是指网络的所有者、管理者和网络服务提供者。

(四)网络数据,是指通过网络收集、存储、传输、处理和产生的各种电子数据。

(五)个人信息,是指以电子或者其他方式记录的能够单独或者与其他信息结合识别自然人个人身份的各种信息,包括但不限于自然人的姓名、出生日期、身份证件号码、个人生物识别信息、住址、电话号码等。

第七十七条 【涉密网络安全保护规定】存储、处理涉及国家秘密信息的网络的运行安全保护,除应当遵守本法外,还应当遵守保密法律、行政法规的规定。

第七十八条 【军事网络安全保护规定】军事网络的安全保护,由中央军事委员会另行规定。

第七十九条 【施行日期】本法自2017年6月1日起施行。

中华人民共和国个人信息保护法

(2021年8月20日第十三届全国人民代表大会常务委员会第三十次会议通过 2021年8月20日中华人民共和国主席令第91号公布 自2021年11月1日起施行)

第一章 总 则

第一条 【立法目的】为了保护个人信息权益,规范个人信息处理活动,促进个人信息合理利用,根据宪法,制定本法。

第二条 【个人信息受法律保护】自然人的个人信息受法律保护,任何组织、个人不得侵害自然人的个人信息权益。

第三条 【适用范围】在中华人民共和国境内处理自然人个人信息的活动,适用本法。

在中华人民共和国境外处理中华人民共和国境内自然人个人信息的活动,有下列情形之一的,也适用本法:

(一)以向境内自然人提供产品或者服务为目的;

(二)分析、评估境内自然人的行为;

(三)法律、行政法规规定的其他情形。

第四条　【个人信息与个人信息处理】个人信息是以电子或者其他方式记录的与已识别或者可识别的自然人有关的各种信息,不包括匿名化处理后的信息。

个人信息的处理包括个人信息的收集、存储、使用、加工、传输、提供、公开、删除等。

第五条　【合法、正当、必要、诚信原则】处理个人信息应当遵循合法、正当、必要和诚信原则,不得通过误导、欺诈、胁迫等方式处理个人信息。

第六条　【最小化处理原则】处理个人信息应当具有明确、合理的目的,并应当与处理目的直接相关,采取对个人权益影响最小的方式。

收集个人信息,应当限于实现处理目的的最小范围,不得过度收集个人信息。

第七条　【公开、透明原则】处理个人信息应当遵循公开、透明原则,公开个人信息处理规则,明示处理的目的、方式和范围。

第八条　【信息质量原则】处理个人信息应当保证个人信息的质量,避免因个人信息不准确、不完整对个人权益造成不利影响。

第九条　【安全责任原则】个人信息处理者应当对其个人信息处理活动负责,并采取必要措施保障所处理的个人信息的安全。

第十条　【依法处理原则】任何组织、个人不得非法收集、使用、加工、传输他人个人信息,不得非法买卖、提供或者公开他人个人信息;不得从事危害国家安全、公共利益的个人信息处理活动。

第十一条　【国家关于个人信息保护的职能】国家建立健全个人信息保护制度,预防和惩治侵害个人信息权益的行为,加强个人信息保护宣传教育,推动形成政府、企业、相关社会组织、公众共同参与个人信息保护的良好环境。

第十二条　【国际合作】国家积极参与个人信息保护国际规则的制定,促进个人信息保护方面的国际交流与合作,推动与其他国家、地区、国际组织之间的个人信息保护规则、标准等互认。

第二章　个人信息处理规则

第一节　一 般 规 定

第十三条　【处理个人信息的情形】符合下列情形之一的,个人信息处理者方可处理个人信息:

(一)取得个人的同意;

(二)为订立、履行个人作为一方当事人的合同所必需,或者按照依法制定的劳动规章制度和依法签订的集体合同实施人力资源管理所必需;

(三)为履行法定职责或者法定义务所必需;

(四)为应对突发公共卫生事件,或者紧急情况下为保护自然人的生命健康和财产安全所必需;

(五)为公共利益实施新闻报道、舆论监督等行为,在合理的范围内处理个人信息;

(六)依照本法规定在合理的范围内处理个人自行公开或者其他已经合法公开的个人信息;

(七)法律、行政法规规定的其他情形。

依照本法其他有关规定,处理个人信息应当取得个人同意,但是有前款第二项至第七项规定情形的,不需取得个人同意。

第十四条　【知情同意规则】基于个人同意处理个人信息的,该同意应当由个人在充分知情的前提下自愿、明确作出。法律、行政法规规定处理个人信息应当取得个人单独同意或者书面同意的,从其规定。

个人信息的处理目的、处理方式和处理的个人信息种类发生变更的,应当重新取得个人同意。

第十五条　【个人有权撤回同意】基于个人同意处理个人信息的,个人有权撤回其同意。个人信息处理者应当提供便捷的撤回同意的方式。

个人撤回同意,不影响撤回前基于个人同意已进行的个人信息处理活动的效力。

第十六条　【不同意不影响使用产品和服务】个人信息处理者不得以个

人不同意处理其个人信息或者撤回同意为由，拒绝提供产品或者服务；处理个人信息属于提供产品或者服务所必需的除外。

第十七条 【应当告知的事项】个人信息处理者在处理个人信息前，应当以显著方式、清晰易懂的语言真实、准确、完整地向个人告知下列事项：

（一）个人信息处理者的名称或者姓名和联系方式；

（二）个人信息的处理目的、处理方式，处理的个人信息种类、保存期限；

（三）个人行使本法规定权利的方式和程序；

（四）法律、行政法规规定应当告知的其他事项。

前款规定事项发生变更的，应当将变更部分告知个人。

个人信息处理者通过制定个人信息处理规则的方式告知第一款规定事项的，处理规则应当公开，并且便于查阅和保存。

第十八条 【应当告知的例外情形】个人信息处理者处理个人信息，有法律、行政法规规定应当保密或者不需要告知的情形的，可以不向个人告知前条第一款规定的事项。

紧急情况下为保护自然人的生命健康和财产安全无法及时向个人告知的，个人信息处理者应当在紧急情况消除后及时告知。

第十九条 【个人信息的保存期限】除法律、行政法规另有规定外，个人信息的保存期限应当为实现处理目的所必要的最短时间。

第二十条 【合作处理个人信息】两个以上的个人信息处理者共同决定个人信息的处理目的和处理方式的，应当约定各自的权利和义务。但是，该约定不影响个人向其中任何一个个人信息处理者要求行使本法规定的权利。

个人信息处理者共同处理个人信息，侵害个人信息权益造成损害的，应当依法承担连带责任。

第二十一条 【委托处理个人信息】个人信息处理者委托处理个人信息的，应当与受托人约定委托处理的目的、期限、处理方式、个人信息的种类、保护措施以及双方的权利和义务等，并对受托人的个人信息处理活动进行监督。

受托人应当按照约定处理个人信息，不得超出约定的处理目的、处理方式等处理个人信息；委托合同不生效、无效、被撤销或者终止的，受托人应当将个人信息返还个人信息处理者或者予以删除，不得保留。

未经个人信息处理者同意，受托人不得转委托他人处理个人信息。

第二十二条 【组织机构变更对个人信息处理的影响】个人信息处理者因合并、分立、解散、被宣告破产等原因需要转移个人信息的,应当向个人告知接收方的名称或者姓名和联系方式。接收方应当继续履行个人信息处理者的义务。接收方变更原先的处理目的、处理方式的,应当依照本法规定重新取得个人同意。

第二十三条 【个人信息处理者对外提供个人信息】个人信息处理者向其他个人信息处理者提供其处理的个人信息的,应当向个人告知接收方的名称或者姓名、联系方式、处理目的、处理方式和个人信息的种类,并取得个人的单独同意。接收方应当在上述处理目的、处理方式和个人信息的种类等范围内处理个人信息。接收方变更原先的处理目的、处理方式的,应当依照本法规定重新取得个人同意。

第二十四条 【利用个人信息进行自动化决策】个人信息处理者利用个人信息进行自动化决策,应当保证决策的透明度和结果公平、公正,不得对个人在交易价格等交易条件上实行不合理的差别待遇。

通过自动化决策方式向个人进行信息推送、商业营销,应当同时提供不针对其个人特征的选项,或者向个人提供便捷的拒绝方式。

通过自动化决策方式作出对个人权益有重大影响的决定,个人有权要求个人信息处理者予以说明,并有权拒绝个人信息处理者仅通过自动化决策的方式作出决定。

第二十五条 【个人信息不得公开】个人信息处理者不得公开其处理的个人信息,取得个人单独同意的除外。

第二十六条 【安装图像采集、个人身份识别设备】在公共场所安装图像采集、个人身份识别设备,应当为维护公共安全所必需,遵守国家有关规定,并设置显著的提示标识。所收集的个人图像、身份识别信息只能用于维护公共安全的目的,不得用于其他目的;取得个人单独同意的除外。

第二十七条 【处理已公开的个人信息】个人信息处理者可以在合理的范围内处理个人自行公开或者其他已经合法公开的个人信息;个人明确拒绝的除外。个人信息处理者处理已公开的个人信息,对个人权益有重大影响的,应当依照本法规定取得个人同意。

第二节 敏感个人信息的处理规则

第二十八条 【敏感个人信息的定义及处理原则】敏感个人信息是一旦泄露或者非法使用,容易导致自然人的人格尊严受到侵害或者人身、财产安全受到危害的个人信息,包括生物识别、宗教信仰、特定身份、医疗健康、金融账户、行踪轨迹等信息,以及不满十四周岁未成年人的个人信息。

只有在具有特定的目的和充分的必要性,并采取严格保护措施的情形下,个人信息处理者方可处理敏感个人信息。

第二十九条 【敏感个人信息特别同意规则】处理敏感个人信息应当取得个人的单独同意;法律、行政法规规定处理敏感个人信息应当取得书面同意的,从其规定。

第三十条 【敏感个人信息告知义务】个人信息处理者处理敏感个人信息的,除本法第十七条第一款规定的事项外,还应当向个人告知处理敏感个人信息的必要性以及对个人权益的影响;依照本法规定可以不向个人告知的除外。

第三十一条 【未成年人个人信息的处理规则】个人信息处理者处理不满十四周岁未成年人个人信息的,应当取得未成年人的父母或者其他监护人的同意。

个人信息处理者处理不满十四周岁未成年人个人信息的,应当制定专门的个人信息处理规则。

第三十二条 【处理敏感个人信息的法定限制】法律、行政法规对处理敏感个人信息规定应当取得相关行政许可或者作出其他限制的,从其规定。

第三节 国家机关处理个人信息的特别规定

第三十三条 【国家机关处理个人信息的法律适用】国家机关处理个人信息的活动,适用本法;本节有特别规定的,适用本节规定。

第三十四条 【国家机关处理个人信息的权限与程序】国家机关为履行法定职责处理个人信息,应当依照法律、行政法规规定的权限、程序进行,不得超出履行法定职责所必需的范围和限度。

第三十五条 【个人的知情权及其例外】国家机关为履行法定职责处理个人信息,应当依照本法规定履行告知义务;有本法第十八条第一款规定的情形,或者告知将妨碍国家机关履行法定职责的除外。

第三十六条 【个人信息的境内存储与向境外提供】国家机关处理的个人信息应当在中华人民共和国境内存储;确需向境外提供的,应当进行安全评估。安全评估可以要求有关部门提供支持与协助。

第三十七条 【法定授权组织处理个人信息的法律适用】法律、法规授权的具有管理公共事务职能的组织为履行法定职责处理个人信息,适用本法关于国家机关处理个人信息的规定。

第三章 个人信息跨境提供的规则

第三十八条 【向境外提供个人信息的条件】个人信息处理者因业务等需要,确需向中华人民共和国境外提供个人信息的,应当具备下列条件之一:

(一)依照本法第四十条的规定通过国家网信部门组织的安全评估;

(二)按照国家网信部门的规定经专业机构进行个人信息保护认证;

(三)按照国家网信部门制定的标准合同与境外接收方订立合同,约定双方的权利和义务;

(四)法律、行政法规或者国家网信部门规定的其他条件。

中华人民共和国缔结或者参加的国际条约、协定对向中华人民共和国境外提供个人信息的条件等有规定的,可以按照其规定执行。

个人信息处理者应当采取必要措施,保障境外接收方处理个人信息的活动达到本法规定的个人信息保护标准。

第三十九条 【向境外提供个人信息的告知与同意】个人信息处理者向中华人民共和国境外提供个人信息的,应当向个人告知境外接收方的名称或者姓名、联系方式、处理目的、处理方式、个人信息的种类以及个人向境外接收方行使本法规定权利的方式和程序等事项,并取得个人的单独同意。

第四十条 【个人信息的境内存储与信息出境的安全评估】关键信息基础设施运营者和处理个人信息达到国家网信部门规定数量的个人信息处理者,应当将在中华人民共和国境内收集和产生的个人信息存储在境内。确需向境外提供的,应当通过国家网信部门组织的安全评估;法律、行政法规和国家网信部门规定可以不进行安全评估的,从其规定。

第四十一条　【外国司法或执法机构获取个人信息的处理和批准】中华人民共和国主管机关根据有关法律和中华人民共和国缔结或者参加的国际条约、协定,或者按照平等互惠原则,处理外国司法或者执法机构关于提供存储于境内个人信息的请求。非经中华人民共和国主管机关批准,个人信息处理者不得向外国司法或者执法机构提供存储于中华人民共和国境内的个人信息。

第四十二条　【个人信息提供黑名单制度】境外的组织、个人从事侵害中华人民共和国公民的个人信息权益,或者危害中华人民共和国国家安全、公共利益的个人信息处理活动的,国家网信部门可以将其列入限制或者禁止个人信息提供清单,予以公告,并采取限制或者禁止向其提供个人信息等措施。

第四十三条　【对等原则】任何国家或者地区在个人信息保护方面对中华人民共和国采取歧视性的禁止、限制或者其他类似措施的,中华人民共和国可以根据实际情况对该国家或者地区对等采取措施。

第四章　个人在个人信息处理活动中的权利

第四十四条　【知情权和决定权】个人对其个人信息的处理享有知情权、决定权,有权限制或者拒绝他人对其个人信息进行处理;法律、行政法规另有规定的除外。

第四十五条　【查阅、复制权和可携带权】个人有权向个人信息处理者查阅、复制其个人信息;有本法第十八条第一款、第三十五条规定情形的除外。

个人请求查阅、复制其个人信息的,个人信息处理者应当及时提供。

个人请求将个人信息转移至其指定的个人信息处理者,符合国家网信部门规定条件的,个人信息处理者应当提供转移的途径。

第四十六条　【更正、补充权】个人发现其个人信息不准确或者不完整的,有权请求个人信息处理者更正、补充。

个人请求更正、补充其个人信息的,个人信息处理者应当对其个人信息予以核实,并及时更正、补充。

第四十七条 【删除权】有下列情形之一的,个人信息处理者应当主动删除个人信息;个人信息处理者未删除的,个人有权请求删除:

(一)处理目的已实现、无法实现或者为实现处理目的不再必要;

(二)个人信息处理者停止提供产品或者服务,或者保存期限已届满;

(三)个人撤回同意;

(四)个人信息处理者违反法律、行政法规或者违反约定处理个人信息;

(五)法律、行政法规规定的其他情形。

法律、行政法规规定的保存期限未届满,或者删除个人信息从技术上难以实现的,个人信息处理者应当停止除存储和采取必要的安全保护措施之外的处理。

第四十八条 【规则解释说明权】个人有权要求个人信息处理者对其个人信息处理规则进行解释说明。

第四十九条 【死者个人信息利益保护】自然人死亡的,其近亲属为了自身的合法、正当利益,可以对死者的相关个人信息行使本章规定的查阅、复制、更正、删除等权利;死者生前另有安排的除外。

第五十条 【申请受理和处理机制】个人信息处理者应当建立便捷的个人行使权利的申请受理和处理机制。拒绝个人行使权利的请求的,应当说明理由。

个人信息处理者拒绝个人行使权利的请求的,个人可以依法向人民法院提起诉讼。

第五章 个人信息处理者的义务

第五十一条 【合规保障义务】个人信息处理者应当根据个人信息的处理目的、处理方式、个人信息的种类以及对个人权益的影响、可能存在的安全风险等,采取下列措施确保个人信息处理活动符合法律、行政法规的规定,并防止未经授权的访问以及个人信息泄露、篡改、丢失:

(一)制定内部管理制度和操作规程;

(二)对个人信息实行分类管理;

(三)采取相应的加密、去标识化等安全技术措施;

(四)合理确定个人信息处理的操作权限,并定期对从业人员进行安全教育和训练；

（五）制定并组织实施个人信息安全事件应急预案；

（六）法律、行政法规规定的其他措施。

第五十二条　【个人信息保护负责人】处理个人信息达到国家网信部门规定数量的个人信息处理者应当指定个人信息保护负责人，负责对个人信息处理活动以及采取的保护措施等进行监督。

个人信息处理者应当公开个人信息保护负责人的联系方式，并将个人信息保护负责人的姓名、联系方式等报送履行个人信息保护职责的部门。

第五十三条　【境外个人信息处理者设立专门机构或者指定代表的义务】本法第三条第二款规定的中华人民共和国境外的个人信息处理者，应当在中华人民共和国境内设立专门机构或者指定代表，负责处理个人信息保护相关事务，并将有关机构的名称或者代表的姓名、联系方式等报送履行个人信息保护职责的部门。

第五十四条　【合规审计义务】个人信息处理者应当定期对其处理个人信息遵守法律、行政法规的情况进行合规审计。

第五十五条　【事前个人信息保护影响评估义务】有下列情形之一的，个人信息处理者应当事前进行个人信息保护影响评估，并对处理情况进行记录：

（一）处理敏感个人信息；

（二）利用个人信息进行自动化决策；

（三）委托处理个人信息、向其他个人信息处理者提供个人信息、公开个人信息；

（四）向境外提供个人信息；

（五）其他对个人权益有重大影响的个人信息处理活动。

第五十六条　【个人信息保护影响评估内容】个人信息保护影响评估应当包括下列内容：

（一）个人信息的处理目的、处理方式等是否合法、正当、必要；

（二）对个人权益的影响及安全风险；

（三）所采取的保护措施是否合法、有效并与风险程度相适应。

个人信息保护影响评估报告和处理情况记录应当至少保存三年。

第五十七条　【对个人信息安全事件的补救和通知义务】发生或者可能

发生个人信息泄露、篡改、丢失的,个人信息处理者应当立即采取补救措施,并通知履行个人信息保护职责的部门和个人。通知应当包括下列事项:

(一)发生或者可能发生个人信息泄露、篡改、丢失的信息种类、原因和可能造成的危害;

(二)个人信息处理者采取的补救措施和个人可以采取的减轻危害的措施;

(三)个人信息处理者的联系方式。

个人信息处理者采取措施能够有效避免信息泄露、篡改、丢失造成危害的,个人信息处理者可以不通知个人;履行个人信息保护职责的部门认为可能造成危害的,有权要求个人信息处理者通知个人。

第五十八条 【大型互联网平台的特别义务】提供重要互联网平台服务、用户数量巨大、业务类型复杂的个人信息处理者,应当履行下列义务:

(一)按照国家规定建立健全个人信息保护合规制度体系,成立主要由外部成员组成的独立机构对个人信息保护情况进行监督;

(二)遵循公开、公平、公正的原则,制定平台规则,明确平台内产品或者服务提供者处理个人信息的规范和保护个人信息的义务;

(三)对严重违反法律、行政法规处理个人信息的平台内的产品或者服务提供者,停止提供服务;

(四)定期发布个人信息保护社会责任报告,接受社会监督。

第五十九条 【受托人的个人信息保护义务】接受委托处理个人信息的受托人,应当依照本法和有关法律、行政法规的规定,采取必要措施保障所处理的个人信息的安全,并协助个人信息处理者履行本法规定的义务。

第六章 履行个人信息保护职责的部门

第六十条 【个人信息保护职责分工】国家网信部门负责统筹协调个人信息保护工作和相关监督管理工作。国务院有关部门依照本法和有关法律、行政法规的规定,在各自职责范围内负责个人信息保护和监督管理工作。

县级以上地方人民政府有关部门的个人信息保护和监督管理职责,按照国家有关规定确定。

前两款规定的部门统称为履行个人信息保护职责的部门。

第六十一条 【个人信息保护职责】履行个人信息保护职责的部门履行下列个人信息保护职责:

(一)开展个人信息保护宣传教育,指导、监督个人信息处理者开展个人信息保护工作;

(二)接受、处理与个人信息保护有关的投诉、举报;

(三)组织对应用程序等个人信息保护情况进行测评,并公布测评结果;

(四)调查、处理违法个人信息处理活动;

(五)法律、行政法规规定的其他职责。

第六十二条 【国家网信部门统筹协调职责】国家网信部门统筹协调有关部门依据本法推进下列个人信息保护工作:

(一)制定个人信息保护具体规则、标准;

(二)针对小型个人信息处理者、处理敏感个人信息以及人脸识别、人工智能等新技术、新应用,制定专门的个人信息保护规则、标准;

(三)支持研究开发和推广应用安全、方便的电子身份认证技术,推进网络身份认证公共服务建设;

(四)推进个人信息保护社会化服务体系建设,支持有关机构开展个人信息保护评估、认证服务;

(五)完善个人信息保护投诉、举报工作机制。

第六十三条 【监督检查措施及当事人配合义务】履行个人信息保护职责的部门履行个人信息保护职责,可以采取下列措施:

(一)询问有关当事人,调查与个人信息处理活动有关的情况;

(二)查阅、复制当事人与个人信息处理活动有关的合同、记录、账簿以及其他有关资料;

(三)实施现场检查,对涉嫌违法的个人信息处理活动进行调查;

(四)检查与个人信息处理活动有关的设备、物品;对有证据证明是用于违法个人信息处理活动的设备、物品,向本部门主要负责人书面报告并经批准,可以查封或者扣押。

履行个人信息保护职责的部门依法履行职责,当事人应当予以协助、配合,不得拒绝、阻挠。

第六十四条 【个人信息安全风险处置及侵害公民个人信息事件移送处理】履行个人信息保护职责的部门在履行职责中,发现个人信息处理活动存在较大风险或者发生个人信息安全事件的,可以按照规定的权限和程序对该个人信息处理者的法定代表人或者主要负责人进行约谈,或者要求个人信息处理者委托专业机构对其个人信息处理活动进行合规审计。个人信息处理者应当按照要求采取措施,进行整改,消除隐患。

履行个人信息保护职责的部门在履行职责中,发现违法处理个人信息涉嫌犯罪的,应当及时移送公安机关依法处理。

第六十五条 【投诉、举报权益保障】任何组织、个人有权对违法个人信息处理活动向履行个人信息保护职责的部门进行投诉、举报。收到投诉、举报的部门应当依法及时处理,并将处理结果告知投诉、举报人。

履行个人信息保护职责的部门应当公布接受投诉、举报的联系方式。

第七章 法律责任

第六十六条 【行政处罚】违反本法规定处理个人信息,或者处理个人信息未履行本法规定的个人信息保护义务的,由履行个人信息保护职责的部门责令改正,给予警告,没收违法所得,对违法处理个人信息的应用程序,责令暂停或者终止提供服务;拒不改正的,并处一百万元以下罚款;对直接负责的主管人员和其他直接责任人员处一万元以上十万元以下罚款。

有前款规定的违法行为,情节严重的,由省级以上履行个人信息保护职责的部门责令改正,没收违法所得,并处五千万元以下或者上一年度营业额百分之五以下罚款,并可以责令暂停相关业务或者停业整顿、通报有关主管部门吊销相关业务许可或者吊销营业执照;对直接负责的主管人员和其他直接责任人员处十万元以上一百万元以下罚款,并可以决定禁止其在一定期限内担任相关企业的董事、监事、高级管理人员和个人信息保护负责人。

第六十七条 【信用惩戒】有本法规定的违法行为的,依照有关法律、行政法规的规定记入信用档案,并予以公示。

第六十八条 【国家机关不履行个人信息保护义务、履行个人信息保护职责部门的工作人员渎职的法律责任】国家机关不履行本法规定的个人信息保护义务的,由其上级机关或者履行个人信息保护职责的部门责令改正;对直接负责的主管人员和其他直接责任人员依法给予处分。

履行个人信息保护职责的部门的工作人员玩忽职守、滥用职权、徇私舞弊,尚不构成犯罪的,依法给予处分。

第六十九条 【民事侵权责任】处理个人信息侵害个人信息权益造成损害,个人信息处理者不能证明自己没有过错的,应当承担损害赔偿等侵权责任。

前款规定的损害赔偿责任按照个人因此受到的损失或者个人信息处理者因此获得的利益确定;个人因此受到的损失和个人信息处理者因此获得的利益难以确定的,根据实际情况确定赔偿数额。

第七十条 【个人信息保护公益诉讼】个人信息处理者违反本法规定处理个人信息,侵害众多个人的权益的,人民检察院、法律规定的消费者组织和由国家网信部门确定的组织可以依法向人民法院提起诉讼。

第七十一条 【治安管理处罚、刑事责任】违反本法规定,构成违反治安管理行为的,依法给予治安管理处罚;构成犯罪的,依法追究刑事责任。

第八章 附　　则

第七十二条 【对本法适用范围的特别规定】自然人因个人或者家庭事务处理个人信息的,不适用本法。

法律对各级人民政府及其有关部门组织实施的统计、档案管理活动中的个人信息处理有规定的,适用其规定。

第七十三条 【用语含义】本法下列用语的含义:

(一)个人信息处理者,是指在个人信息处理活动中自主决定处理目的、处理方式的组织、个人。

(二)自动化决策,是指通过计算机程序自动分析、评估个人的行为习惯、兴趣爱好或者经济、健康、信用状况等,并进行决策的活动。

(三)去标识化,是指个人信息经过处理,使其在不借助额外信息的情况下无法识别特定自然人的过程。

(四)匿名化,是指个人信息经过处理无法识别特定自然人且不能复原的过程。

第七十四条 【施行日期】本法自2021年11月1日起施行。

中华人民共和国反洗钱法

(2006年10月31日第十届全国人民代表大会常务委员会第二十四次会议通过 2024年11月8日第十四届全国人民代表大会常务委员会第十二次会议修订 自2025年1月1日起施行)

第一章 总　　则

第一条 【立法目的】为了预防洗钱活动,遏制洗钱以及相关犯罪,加强和规范反洗钱工作,维护金融秩序、社会公共利益和国家安全,根据宪法,制定本法。

第二条 【定义及适用范围】本法所称反洗钱,是指为了预防通过各种方式掩饰、隐瞒毒品犯罪、黑社会性质的组织犯罪、恐怖活动犯罪、走私犯罪、贪污贿赂犯罪、破坏金融管理秩序犯罪、金融诈骗犯罪和其他犯罪所得及其收益的来源、性质的洗钱活动,依照本法规定采取相关措施的行为。

预防恐怖主义融资活动适用本法;其他法律另有规定的,适用其规定。

第三条 【方针原则】反洗钱工作应当贯彻落实党和国家路线方针政策、决策部署,坚持总体国家安全观,完善监督管理体制机制,健全风险防控体系。

第四条 【依法进行】反洗钱工作应当依法进行,确保反洗钱措施与洗钱风险相适应,保障正常金融服务和资金流转顺利进行,维护单位和个人的合法权益。

第五条 【监管部门】国务院反洗钱行政主管部门负责全国的反洗钱监督管理工作。国务院有关部门在各自的职责范围内履行反洗钱监督管理职责。

国务院反洗钱行政主管部门、国务院有关部门、监察机关和司法机关在反洗钱工作中应当相互配合。

第六条 【金融机构和特定非金融机构的反洗钱义务】在中华人民共和国境内(以下简称境内)设立的金融机构和依照本法规定应当履行反洗钱义务的特定非金融机构,应当依法采取预防、监控措施,建立健全反洗钱内部控制制度,履行客户尽职调查、客户身份资料和交易记录保存、大额交易和可疑交易报告、反洗钱特别预防措施等反洗钱义务。

第七条 【信息保密】对依法履行反洗钱职责或者义务获得的客户身份资料和交易信息、反洗钱调查信息等反洗钱信息,应当予以保密;非依法律规定,不得向任何单位和个人提供。

反洗钱行政主管部门和其他依法负有反洗钱监督管理职责的部门履行反洗钱职责获得的客户身份资料和交易信息,只能用于反洗钱监督管理和行政调查工作。

司法机关依照本法获得的客户身份资料和交易信息,只能用于反洗钱相关刑事诉讼。

国家有关机关使用反洗钱信息应当依法保护国家秘密、商业秘密和个人隐私、个人信息。

第八条 【法律保护】履行反洗钱义务的机构及其工作人员依法开展提交大额交易和可疑交易报告等工作,受法律保护。

第九条 【宣传教育】反洗钱行政主管部门会同国家有关机关通过多种形式开展反洗钱宣传教育活动,向社会公众宣传洗钱活动的违法性、危害性及其表现形式等,增强社会公众对洗钱活动的防范意识和识别能力。

第十条 【禁止从事或便利洗钱活动】任何单位和个人不得从事洗钱活动或者为洗钱活动提供便利,并应当配合金融机构和特定非金融机构依法开展的客户尽职调查。

第十一条 【举报、表彰】任何单位和个人发现洗钱活动,有权向反洗钱行政主管部门、公安机关或者其他有关国家机关举报。接受举报的机关应当对举报人和举报内容保密。

对在反洗钱工作中做出突出贡献的单位和个人,按照国家有关规定给予表彰和奖励。

第十二条 【境外洗钱及恐怖融资活动的处理】在中华人民共和国境外

（以下简称境外）的洗钱和恐怖主义融资活动，危害中华人民共和国主权和安全，侵犯中华人民共和国公民、法人和其他组织合法权益，或者扰乱境内金融秩序的，依照本法以及相关法律规定处理并追究法律责任。

第二章　反洗钱监督管理

第十三条　【国务院反洗钱行政主管部门的职责】国务院反洗钱行政主管部门组织、协调全国的反洗钱工作，负责反洗钱的资金监测，制定或者会同国务院有关金融管理部门制定金融机构反洗钱管理规定，监督检查金融机构履行反洗钱义务的情况，在职责范围内调查可疑交易活动，履行法律和国务院规定的有关反洗钱的其他职责。

国务院反洗钱行政主管部门的派出机构在国务院反洗钱行政主管部门的授权范围内，对金融机构履行反洗钱义务的情况进行监督检查。

第十四条　【国务院有关金融管理部门的职责】国务院有关金融管理部门参与制定所监督管理的金融机构反洗钱管理规定，履行法律和国务院规定的有关反洗钱的其他职责。

有关金融管理部门应当在金融机构市场准入中落实反洗钱审查要求，在监督管理工作中发现金融机构违反反洗钱规定的，应当将线索移送反洗钱行政主管部门，并配合其进行处理。

第十五条　【有关特定非金融机构主管部门的职责】国务院有关特定非金融机构主管部门制定或者国务院反洗钱行政主管部门会同其制定特定非金融机构反洗钱管理规定。

有关特定非金融机构主管部门监督检查特定非金融机构履行反洗钱义务的情况，处理反洗钱行政主管部门提出的反洗钱监督管理建议，履行法律和国务院规定的有关反洗钱的其他职责。有关特定非金融机构主管部门根据需要，可以请求反洗钱行政主管部门协助其监督检查。

第十六条　【反洗钱监测分析机构的职责】国务院反洗钱行政主管部门设立反洗钱监测分析机构。反洗钱监测分析机构开展反洗钱资金监测，负责接收、分析大额交易和可疑交易报告，移送分析结果，并按照规定向国务院反洗钱行政主管部门报告工作情况，履行国务院反洗钱行政主管部门规定的其他职责。

反洗钱监测分析机构根据依法履行职责的需要,可以要求履行反洗钱义务的机构提供与大额交易和可疑交易相关的补充信息。

反洗钱监测分析机构应当健全监测分析体系,根据洗钱风险状况有针对性地开展监测分析工作,按照规定向履行反洗钱义务的机构反馈可疑交易报告使用情况,不断提高监测分析水平。

第十七条 【信息获取和工作通报】国务院反洗钱行政主管部门为履行反洗钱职责,可以从国家有关机关获取所必需的信息,国家有关机关应当依法提供。

国务院反洗钱行政主管部门应当向国家有关机关定期通报反洗钱工作情况,依法向履行与反洗钱相关的监督管理、行政调查、监察调查、刑事诉讼等职责的国家有关机关提供所必需的反洗钱信息。

第十八条 【海关通报职责】出入境人员携带的现金、无记名支付凭证等超过规定金额的,应当按照规定向海关申报。海关发现个人出入境携带的现金、无记名支付凭证等超过规定金额的,应当及时向反洗钱行政主管部门通报。

前款规定的申报范围、金额标准以及通报机制等,由国务院反洗钱行政主管部门、国务院外汇管理部门按照职责分工会同海关总署规定。

第十九条 【受益所有人信息管理制度】国务院反洗钱行政主管部门会同国务院有关部门建立法人、非法人组织受益所有人信息管理制度。

法人、非法人组织应当保存并及时更新受益所有人信息,按照规定向登记机关如实提交并及时更新受益所有人信息。反洗钱行政主管部门、登记机关按照规定管理受益所有人信息。

反洗钱行政主管部门、国家有关机关为履行职责需要,可以依法使用受益所有人信息。金融机构和特定非金融机构在履行反洗钱义务时依法查询核对受益所有人信息;发现受益所有人信息错误、不一致或者不完整的,应当按照规定进行反馈。使用受益所有人信息应当依法保护信息安全。

本法所称法人、非法人组织的受益所有人,是指最终拥有或者实际控制法人、非法人组织,或者享有法人、非法人组织最终收益的自然人。具体认定标准由国务院反洗钱行政主管部门会同国务院有关部门制定。

第二十条 【移送处理】反洗钱行政主管部门和其他依法负有反洗钱监督管理职责的部门发现涉嫌洗钱以及相关违法犯罪的交易活动,应当将线索和相关证据材料移送有管辖权的机关处理。接受移送的机关应当按照有关规定反馈处理结果。

第二十一条 【反洗钱行政主管部门对金融机构的监管】反洗钱行政主管部门为依法履行监督管理职责,可以要求金融机构报送履行反洗钱义务情况,对金融机构实施风险监测、评估,并就金融机构执行本法以及相关管理规定的情况进行评价。必要时可以按照规定约谈金融机构的董事、监事、高级管理人员以及反洗钱工作直接负责人,要求其就有关事项说明情况;对金融机构履行反洗钱义务存在的问题进行提示。

第二十二条 【监督检查措施】反洗钱行政主管部门进行监督检查时,可以采取下列措施:

(一)进入金融机构进行检查;

(二)询问金融机构的工作人员,要求其对有关被检查事项作出说明;

(三)查阅、复制金融机构与被检查事项有关的文件、资料,对可能被转移、隐匿或者毁损的文件、资料予以封存;

(四)检查金融机构的计算机网络与信息系统,调取、保存金融机构的计算机网络与信息系统中的有关数据、信息。

进行前款规定的监督检查,应当经国务院反洗钱行政主管部门或者其设区的市级以上派出机构负责人批准。检查人员不得少于二人,并应当出示执法证件和检查通知书;检查人员少于二人或者未出示执法证件和检查通知书的,金融机构有权拒绝接受检查。

第二十三条 【洗钱风险指引】国务院反洗钱行政主管部门会同国家有关机关评估国家、行业面临的洗钱风险,发布洗钱风险指引,加强对履行反洗钱义务的机构指导,支持和鼓励反洗钱领域技术创新,及时监测与新领域、新业态相关的新型洗钱风险,根据洗钱风险状况优化资源配置,完善监督管理措施。

第二十四条 【对洗钱高风险国家或地区采取相应措施】对存在严重洗钱风险的国家或者地区,国务院反洗钱行政主管部门可以在征求国家有关机关意见的基础上,经国务院批准,将其列为洗钱高风险国家或者地区,并采取相应措施。

第二十五条 【反洗钱自律组织】履行反洗钱义务的机构可以依法成立反洗钱自律组织。反洗钱自律组织与相关行业自律组织协同开展反洗钱领域的自律管理。

反洗钱自律组织接受国务院反洗钱行政主管部门的指导。

第二十六条　【服务机构及其工作人员的职责】提供反洗钱咨询、技术、专业能力评价等服务的机构及其工作人员，应当勤勉尽责、恪尽职守地提供服务；对于因提供服务获得的数据、信息，应当依法妥善处理，确保数据、信息安全。

国务院反洗钱行政主管部门应当加强对上述机构开展反洗钱有关服务工作的指导。

第三章　反洗钱义务

第二十七条　【金融机构反洗钱内部控制制度】金融机构应当依照本法规定建立健全反洗钱内部控制制度，设立专门机构或者指定内设机构牵头负责反洗钱工作，根据经营规模和洗钱风险状况配备相应的人员，按照要求开展反洗钱培训和宣传。

金融机构应当定期评估洗钱风险状况并制定相应的风险管理制度和流程，根据需要建立相关信息系统。

金融机构应当通过内部审计或者社会审计等方式，监督反洗钱内部控制制度的有效实施。

金融机构的负责人对反洗钱内部控制制度的有效实施负责。

第二十八条　【客户尽职调查制度】金融机构应当按照规定建立客户尽职调查制度。

金融机构不得为身份不明的客户提供服务或者与其进行交易，不得为客户开立匿名账户或者假名账户，不得为冒用他人身份的客户开立账户。

第二十九条　【应开展客户尽职调查的情形】有下列情形之一的，金融机构应当开展客户尽职调查：

（一）与客户建立业务关系或者为客户提供规定金额以上的一次性金融服务；

（二）有合理理由怀疑客户及其交易涉嫌洗钱活动；

（三）对先前获得的客户身份资料的真实性、有效性、完整性存在疑问。

客户尽职调查包括识别并采取合理措施核实客户及其受益所有人身份，

了解客户建立业务关系和交易的目的,涉及较高洗钱风险的,还应当了解相关资金来源和用途。

金融机构开展客户尽职调查,应当根据客户特征和交易活动的性质、风险状况进行,对于涉及较低洗钱风险的,金融机构应当根据情况简化客户尽职调查。

第三十条 【洗钱风险管理措施】在业务关系存续期间,金融机构应当持续关注并评估客户整体状况及交易情况,了解客户的洗钱风险。发现客户进行的交易与金融机构所掌握的客户身份、风险状况等不符的,应当进一步核实客户及其交易有关情况;对存在洗钱高风险情形的,必要时可以采取限制交易方式、金额或者频次,限制业务类型,拒绝办理业务,终止业务关系等洗钱风险管理措施。

金融机构采取洗钱风险管理措施,应当在其业务权限范围内按照有关管理规定的要求和程序进行,平衡好管理洗钱风险与优化金融服务的关系,不得采取与洗钱风险状况明显不相匹配的措施,保障与客户依法享有的医疗、社会保障、公用事业服务等相关的基本的、必需的金融服务。

第三十一条 【身份核实】客户由他人代理办理业务的,金融机构应当按照规定核实代理关系,识别并核实代理人的身份。

金融机构与客户订立人身保险、信托等合同,合同的受益人不是客户本人的,金融机构应当识别并核实受益人的身份。

第三十二条 【第三方风险与能力评估】金融机构依托第三方开展客户尽职调查的,应当评估第三方的风险状况及其履行反洗钱义务的能力。第三方具有较高风险情形或者不具备履行反洗钱义务能力的,金融机构不得依托其开展客户尽职调查。

金融机构应当确保第三方已经采取符合本法要求的客户尽职调查措施。第三方未采取符合本法要求的客户尽职调查措施的,由该金融机构承担未履行客户尽职调查义务的法律责任。

第三方应当向金融机构提供必要的客户尽职调查信息,并配合金融机构持续开展客户尽职调查。

第三十三条 【相关部门配合金融机构核实客户信息】金融机构进行客户尽职调查,可以通过反洗钱行政主管部门以及公安、市场监督管理、民政、税务、移民管理、电信管理等部门依法核实客户身份等有关信息,相关部门应当依法予以支持。

国务院反洗钱行政主管部门应当协调推动相关部门为金融机构开展客户尽职调查提供必要的便利。

第三十四条 【客户身份资料和交易记录保存制度】金融机构应当按照规定建立客户身份资料和交易记录保存制度。

在业务关系存续期间，客户身份信息发生变更的，应当及时更新。

客户身份资料在业务关系结束后、客户交易信息在交易结束后，应当至少保存十年。

金融机构解散、被撤销或者被宣告破产时，应当将客户身份资料和客户交易信息移交国务院有关部门指定的机构。

第三十五条 【大额交易和可疑交易报告制度】金融机构应当按照规定执行大额交易报告制度，客户单笔交易或者在一定期限内的累计交易超过规定金额的，应当及时向反洗钱监测分析机构报告。

金融机构应当按照规定执行可疑交易报告制度，制定并不断优化监测标准，有效识别、分析可疑交易活动，及时向反洗钱监测分析机构提交可疑交易报告；提交可疑交易报告的情况应当保密。

第三十六条 【防范新技术等洗钱风险】金融机构应当在反洗钱行政主管部门的指导下，关注、评估运用新技术、新产品、新业务等带来的洗钱风险，根据情形采取相应措施，降低洗钱风险。

第三十七条 【共享反洗钱信息】在境内外设有分支机构或者控股其他金融机构的金融机构，以及金融控股公司，应当在总部或者集团层面统筹安排反洗钱工作。为履行反洗钱义务在公司内部、集团成员之间共享必要的反洗钱信息的，应当明确信息共享机制和程序。共享反洗钱信息，应当符合有关信息保护的法律规定，并确保相关信息不被用于反洗钱和反恐怖主义融资以外的用途。

第三十八条 【单位和个人应配合金融机构尽职调查】与金融机构存在业务关系的单位和个人应当配合金融机构的客户尽职调查，提供真实有效的身份证件或者其他身份证明文件，准确、完整填报身份信息，如实提供与交易和资金相关的资料。

单位和个人拒不配合金融机构依照本法采取的合理的客户尽职调查措施的，金融机构按照规定的程序，可以采取限制或者拒绝办理业务、终止业务关系等洗钱风险管理措施,并根据情况提交可疑交易报告。

第三十九条 【对洗钱风险管理措施有异议的处理】单位和个人对金融机构采取洗钱风险管理措施有异议的,可以向金融机构提出。金融机构应当在十五日内进行处理,并将结果答复当事人;涉及客户基本的、必需的金融服务的,应当及时处理并答复当事人。相关单位和个人逾期未收到答复,或者对处理结果不满意的,可以向反洗钱行政主管部门投诉。

前款规定的单位和个人对金融机构采取洗钱风险管理措施有异议的,也可以依法直接向人民法院提起诉讼。

第四十条 【反洗钱特别预防措施名单】任何单位和个人应当按照国家有关机关要求对下列名单所列对象采取反洗钱特别预防措施:

(一)国家反恐怖主义工作领导机构认定并由其办事机构公告的恐怖活动组织和人员名单;

(二)外交部发布的执行联合国安理会决议通知中涉及定向金融制裁的组织和人员名单;

(三)国务院反洗钱行政主管部门认定或者会同国家有关机关认定的,具有重大洗钱风险、不采取措施可能造成严重后果的组织和人员名单。

对前款第一项规定的名单有异议的,当事人可以依照《中华人民共和国反恐怖主义法》的规定申请复核。对前款第二项规定的名单有异议的,当事人可以按照有关程序提出从名单中除去的申请。对前款第三项规定的名单有异议的,当事人可以向作出认定的部门申请行政复议;对行政复议决定不服的,可以依法提起行政诉讼。

反洗钱特别预防措施包括立即停止向名单所列对象及其代理人、受其指使的组织和人员、其直接或者间接控制的组织提供金融等服务或者资金、资产,立即限制相关资金、资产转移等。

第一款规定的名单所列对象可以按照规定向国家有关机关申请使用被限制的资金、资产用于单位和个人的基本开支及其他必需支付的费用。采取反洗钱特别预防措施应当保护善意第三人合法权益,善意第三人可以依法进行权利救济。

第四十一条 【核查客户及其交易对象】金融机构应当识别、评估相关风险并制定相应的制度,及时获取本法第四十条第一款规定的名单,对客户及其交易对象进行核查,采取相应措施,并向反洗钱行政主管部门报告。

第四十二条 【特定非金融机构参照金融机构反洗钱规定】特定非金融机构在从事规定的特定业务时,参照本章关于金融机构履行反洗钱义务的相关规定,根据行业特点、经营规模、洗钱风险状况履行反洗钱义务。

第四章 反洗钱调查

第四十三条 【反洗钱调查流程】国务院反洗钱行政主管部门或者其设区的市级以上派出机构发现涉嫌洗钱的可疑交易活动或者违反本法规定的其他行为,需要调查核实的,经国务院反洗钱行政主管部门或者其设区的市级以上派出机构负责人批准,可以向金融机构、特定非金融机构发出调查通知书,开展反洗钱调查。

反洗钱行政主管部门开展反洗钱调查,涉及特定非金融机构的,必要时可以请求有关特定非金融机构主管部门予以协助。

金融机构、特定非金融机构应当配合反洗钱调查,在规定时限内如实提供有关文件、资料。

开展反洗钱调查,调查人员不得少于二人,并应当出示执法证件和调查通知书;调查人员少于二人或者未出示执法证件和调查通知书的,金融机构、特定非金融机构有权拒绝接受调查。

第四十四条 【反洗钱调查措施】国务院反洗钱行政主管部门或者其设区的市级以上派出机构开展反洗钱调查,可以采取下列措施:

(一)询问金融机构、特定非金融机构有关人员,要求其说明情况;

(二)查阅、复制被调查对象的账户信息、交易记录和其他有关资料;

(三)对可能被转移、隐匿、篡改或者毁损的文件、资料予以封存。

询问应当制作询问笔录。询问笔录应当交被询问人核对。记载有遗漏或者差错的,被询问人可以要求补充或者更正。被询问人确认笔录无误后,应当签名或者盖章;调查人员也应当在笔录上签名。

调查人员封存文件、资料,应当会同金融机构、特定非金融机构的工作人员查点清楚,当场开列清单一式二份,由调查人员和金融机构、特定非金融机构的工作人员签名或者盖章,一份交金融机构或者特定非金融机构,一份附卷备查。

第四十五条 【临时冻结措施】经调查仍不能排除洗钱嫌疑或者发现其

他违法犯罪线索的,应当及时向有管辖权的机关移送。接受移送的机关应当按照有关规定反馈处理结果。

客户转移调查所涉及的账户资金的,国务院反洗钱行政主管部门认为必要时,经其负责人批准,可以采取临时冻结措施。

接受移送的机关接到线索后,对已依照前款规定临时冻结的资金,应当及时决定是否继续冻结。接受移送的机关认为需要继续冻结的,依照相关法律规定采取冻结措施;认为不需要继续冻结的,应当立即通知国务院反洗钱行政主管部门,国务院反洗钱行政主管部门应当立即通知金融机构解除冻结。

临时冻结不得超过四十八小时。金融机构在按照国务院反洗钱行政主管部门的要求采取临时冻结措施后四十八小时内,未接到国家有关机关继续冻结通知的,应当立即解除冻结。

第五章　反洗钱国际合作

第四十六条　【国际合作原则】中华人民共和国根据缔结或者参加的国际条约,或者按照平等互惠原则,开展反洗钱国际合作。

第四十七条　【反洗钱信息资料交换】国务院反洗钱行政主管部门根据国务院授权,负责组织、协调反洗钱国际合作,代表中国政府参与有关国际组织活动,依法与境外相关机构开展反洗钱合作,交换反洗钱信息。

国家有关机关依法在职责范围内开展反洗钱国际合作。

第四十八条　【司法协助】涉及追究洗钱犯罪的司法协助,依照《中华人民共和国国际刑事司法协助法》以及有关法律的规定办理。

第四十九条　【境外金融机构按对等原则或协议配合】国家有关机关在依法调查洗钱和恐怖主义融资活动过程中,按照对等原则或者经与有关国家协商一致,可以要求在境内开立代理行账户或者与我国存在其他密切金融联系的境外金融机构予以配合。

第五十条　【金融机构向外国国家、组织提供相关信息的限制规定】外国国家、组织违反对等、协商一致原则直接要求境内金融机构提交客户身份资料、交易信息,扣押、冻结、划转境内资金、资产,或者作出其他行动的,金融机构不得擅自执行,并应当及时向国务院有关金融管理部门报告。

除前款规定外,外国国家、组织基于合规监管的需要,要求境内金融机构提供概要性合规信息、经营信息等信息的,境内金融机构向国务院有关金融管理部门和国家有关机关报告后可以提供或者予以配合。

前两款规定的资料、信息涉及重要数据和个人信息的,还应当符合国家数据安全管理、个人信息保护有关规定。

第六章 法 律 责 任

第五十一条 【反洗钱工作人员违规进行检查、调查等行为的处罚】反洗钱行政主管部门和其他依法负有反洗钱监督管理职责的部门从事反洗钱工作的人员有下列行为之一的,依法给予处分:

(一)违反规定进行检查、调查或者采取临时冻结措施;

(二)泄露因反洗钱知悉的国家秘密、商业秘密或者个人隐私、个人信息;

(三)违反规定对有关机构和人员实施行政处罚;

(四)其他不依法履行职责的行为。

其他国家机关工作人员有前款第二项行为的,依法给予处分。

第五十二条 【金融机构未按规定制定、完善反洗钱内部控制制度规范等行为的处罚】金融机构有下列情形之一的,由国务院反洗钱行政主管部门或者其设区的市级以上派出机构责令限期改正;情节较重的,给予警告或者处二十万元以下罚款;情节严重或者逾期未改正的,处二十万元以上二百万元以下罚款,可以根据情形在职责范围内或者建议有关金融管理部门限制或者禁止其开展相关业务:

(一)未按照规定制定、完善反洗钱内部控制制度规范;

(二)未按照规定设立专门机构或者指定内设机构牵头负责反洗钱工作;

(三)未按照规定根据经营规模和洗钱风险状况配备相应人员;

(四)未按照规定开展洗钱风险评估或者健全相应的风险管理制度;

(五)未按照规定制定、完善可疑交易监测标准;

(六)未按照规定开展反洗钱内部审计或者社会审计;

(七)未按照规定开展反洗钱培训;

（八）应当建立反洗钱相关信息系统而未建立，或者未按照规定完善反洗钱相关信息系统；

（九）金融机构的负责人未能有效履行反洗钱职责。

第五十三条　【金融机构未按照规定开展客户尽职调查等行为的处罚】金融机构有下列行为之一的，由国务院反洗钱行政主管部门或者其设区的市级以上派出机构责令限期改正，可以给予警告或者处二十万元以下罚款；情节严重或者逾期未改正的，处二十万元以上二百万元以下罚款：

（一）未按照规定开展客户尽职调查；

（二）未按照规定保存客户身份资料和交易记录；

（三）未按照规定报告大额交易；

（四）未按照规定报告可疑交易。

第五十四条　【金融机构为身份不明的客户提供服务等行为的处罚】金融机构有下列行为之一的，由国务院反洗钱行政主管部门或者其设区的市级以上派出机构责令限期改正，处五十万元以下罚款；情节严重的，处五十万元以上五百万元以下罚款，可以根据情形在职责范围内或者建议有关金融管理部门限制或者禁止其开展相关业务：

（一）为身份不明的客户提供服务、与其进行交易，为客户开立匿名账户、假名账户，或者为冒用他人身份的客户开立账户；

（二）未按照规定对洗钱高风险情形采取相应洗钱风险管理措施；

（三）未按照规定采取反洗钱特别预防措施；

（四）违反保密规定，查询、泄露有关信息；

（五）拒绝、阻碍反洗钱监督管理、调查，或者故意提供虚假材料；

（六）篡改、伪造或者无正当理由删除客户身份资料、交易记录；

（七）自行或者协助客户以拆分交易等方式故意逃避履行反洗钱义务。

第五十五条　【金融机构违法致使犯罪所得得以掩饰隐瞒或致恐怖主义融资后果发生的处罚】金融机构有本法第五十三条、第五十四条规定的行为，致使犯罪所得及其收益通过本机构得以掩饰、隐瞒的，或者致使恐怖主义融资后果发生的，由国务院反洗钱行政主管部门或者其设区的市级以上派出机构责令限期改正，涉及金额不足一千万元的，处五十万元以上一千万元以下罚款；涉及金额一千万元以上的，处涉及金额百分之二十以上二倍以下罚款；情节严重的，可以根据情形在职责范围内实施或者建议有关金融管理部门实施限制、禁止其开展相关业务，或者责令停业整顿、吊销经营许可证等处罚。

第五十六条【对负有责任的管理人员及直接责任人员的单独处罚】国务院反洗钱行政主管部门或者其设区的市级以上派出机构依照本法第五十二条至第五十四条规定对金融机构进行处罚的，还可以根据情形对负有责任的董事、监事、高级管理人员或者其他直接责任人员，给予警告或者处二十万元以下罚款；情节严重的，可以根据情形在职责范围内实施或者建议有关金融管理部门实施取消其任职资格、禁止其从事有关金融行业工作等处罚。

国务院反洗钱行政主管部门或者其设区的市级以上派出机构依照本法第五十五条规定对金融机构进行处罚的，还可以根据情形对负有责任的董事、监事、高级管理人员或者其他直接责任人员，处二十万元以上一百万元以下罚款；情节严重的，可以根据情形在职责范围内实施或者建议有关金融管理部门实施取消其任职资格、禁止其从事有关金融行业工作等处罚。

前两款规定的金融机构董事、监事、高级管理人员或者其他直接责任人员能够证明自己已经勤勉尽责采取反洗钱措施的，可以不予处罚。

第五十七条【金融机构擅自采取行动以及境外金融机构对调查不予配合的处罚】金融机构违反本法第五十条规定擅自采取行动的，由国务院有关金融管理部门处五十万元以下罚款；情节严重的，处五十万元以上五百万元以下罚款；造成损失的，并处所造成直接经济损失一倍以上五倍以下罚款。对负有责任的董事、监事、高级管理人员或者其他直接责任人员，可以由国务院有关金融管理部门给予警告或者处五十万元以下罚款。

境外金融机构违反本法第四十九条规定，对国家有关机关的调查不予配合的，由国务院反洗钱行政主管部门依照本法第五十四条、第五十六条规定进行处罚，并可以根据情形将其列入本法第四十条第一款第三项规定的名单。

第五十八条【特定非金融机构违反规定的处罚】特定非金融机构违反本法规定的，由有关特定非金融机构主管部门责令限期改正；情节较重的，给予警告或者处五万元以下罚款；情节严重或者逾期未改正的，处五万元以上五十万元以下罚款；对有关负责人，可以给予警告或者处五万元以下罚款。

第五十九条【未履行反洗钱特别预防措施义务的处罚】金融机构、特定非金融机构以外的单位和个人未依照本法第四十条规定履行反洗钱特别预防措施义务的,由国务院反洗钱行政主管部门或者其设区的市级以上派出机构责令限期改正;情节严重的,对单位给予警告或者处二十万元以下罚款,对个人给予警告或者处五万元以下罚款。

第六十条 【未按规定提交受益所有人信息的处罚】法人、非法人组织未按照规定向登记机关提交受益所有人信息的,由登记机关责令限期改正;拒不改正的,处五万元以下罚款。向登记机关提交虚假或者不实的受益所有人信息,或者未按照规定及时更新受益所有人信息的,由国务院反洗钱行政主管部门或者其设区的市级以上派出机构责令限期改正;拒不改正的,处五万元以下罚款。

第六十一条 【制定行政处罚裁量基准的参考因素】国务院反洗钱行政主管部门应当综合考虑金融机构的经营规模、内部控制制度执行情况、勤勉尽责程度、违法行为持续时间、危害程度以及整改情况等因素,制定本法相关行政处罚裁量基准。

第六十二条 【刑事责任】违反本法规定,构成犯罪的,依法追究刑事责任。

利用金融机构、特定非金融机构实施或者通过非法渠道实施洗钱犯罪的,依法追究刑事责任。

第七章 附 则

第六十三条 【履行金融机构反洗钱义务的机构】在境内设立的下列机构,履行本法规定的金融机构反洗钱义务:

(一)银行业、证券基金期货业、保险业、信托业金融机构;

(二)非银行支付机构;

(三)国务院反洗钱行政主管部门确定并公布的其他从事金融业务的机构。

第六十四条 【履行特定非金融机构反洗钱义务的机构】在境内设立的下列机构,履行本法规定的特定非金融机构反洗钱义务:

(一)提供房屋销售、房屋买卖经纪服务的房地产开发企业或者房地产中介机构;

(二)接受委托为客户办理买卖不动产,代管资金、证券或者其他资产,

代管银行账户、证券账户,为成立、运营企业筹措资金以及代理买卖经营性实体业务的会计师事务所、律师事务所、公证机构;

(三)从事规定金额以上贵金属、宝石现货交易的交易商;

(四)国务院反洗钱行政主管部门会同国务院有关部门根据洗钱风险状况确定的其他需要履行反洗钱义务的机构。

第六十五条 【施行日期】本法自2025年1月1日起施行。

最高人民法院、最高人民检察院关于办理诈骗刑事案件具体应用法律若干问题的解释

(2011年2月21日最高人民法院审判委员会第1512次会议、2010年11月24日最高人民检察院第十一届检察委员会第49次会议通过 2011年3月1日公布 法释〔2011〕7号 自2011年4月8日起施行)

为依法惩治诈骗犯罪活动,保护公私财产所有权,根据刑法、刑事诉讼法有关规定,结合司法实践的需要,现就办理诈骗刑事案件具体应用法律的若干问题解释如下:

第一条 诈骗公私财物价值三千元至一万元以上、三万元至十万元以上、五十万元以上的,应当分别认定为刑法第二百六十六条规定的"数额较大"、"数额巨大"、"数额特别巨大"。

各省、自治区、直辖市高级人民法院、人民检察院可以结合本地区经济社会发展状况,在前款规定的数额幅度内,共同研究确定本地区执行的具体数额标准,报最高人民法院、最高人民检察院备案。

第二条 诈骗公私财物达到本解释第一条规定的数额标准,具有下列情形之一的,可以依照刑法第二百六十六条的规定酌情从严惩处:

(一)通过发送短信、拨打电话或者利用互联网、广播电视、报刊杂志等

发布虚假信息,对不特定多数人实施诈骗的;

(二)诈骗救灾、抢险、防汛、优抚、扶贫、移民、救济、医疗款物的;

(三)以赈灾募捐名义实施诈骗的;

(四)诈骗残疾人、老年人或者丧失劳动能力人的财物的;

(五)造成被害人自杀、精神失常或者其他严重后果的。

诈骗数额接近本解释第一条规定的"数额巨大"、"数额特别巨大"的标准,并具有前款规定的情形之一或者属于诈骗集团首要分子的,应当分别认定为刑法第二百六十六条规定的"其他严重情节"、"其他特别严重情节"。

第三条 诈骗公私财物虽已达到本解释第一条规定的"数额较大"的标准,但具有下列情形之一,且行为人认罪、悔罪,可以根据刑法第三十七条、刑事诉讼法第一百四十二条的规定不起诉或者免予刑事处罚:

(一)具有法定从宽处罚情节的;

(二)一审宣判前全部退赃、退赔的;

(三)没有参与分赃或者获赃较少且不是主犯的;

(四)被害人谅解的;

(五)其他情节轻微、危害不大的。

第四条 诈骗近亲属的财物,近亲属谅解的,一般可不按犯罪处理。

诈骗近亲属的财物,确有追究刑事责任必要的,具体处理也应酌情从宽。

第五条 诈骗未遂,以数额巨大的财物为诈骗目标的,或者具有其他严重情节的,应当定罪处罚。

利用发送短信、拨打电话、互联网等电信技术手段对不特定多数人实施诈骗,诈骗数额难以查证,但具有下列情形之一的,应当认定为刑法第二百六十六条规定的"其他严重情节",以诈骗罪(未遂)定罪处罚:

(一)发送诈骗信息五千条以上的;

(二)拨打诈骗电话五百人次以上的;

(三)诈骗手段恶劣、危害严重的。

实施前款规定行为,数量达到前款第(一)、(二)项规定标准十倍以上的,或者诈骗手段特别恶劣、危害特别严重的,应当认定为刑法第二百六十六条规定的"其他特别严重情节",以诈骗罪(未遂)定罪处罚。

第六条 诈骗既有既遂,又有未遂,分别达到不同量刑幅度的,依照处罚较重的规定处罚;达到同一量刑幅度的,以诈骗罪既遂处罚。

第七条 明知他人实施诈骗犯罪,为其提供信用卡、手机卡、通讯工具、通讯传输通道、网络技术支持、费用结算等帮助的,以共同犯罪论处。

第八条 冒充国家机关工作人员进行诈骗,同时构成诈骗罪和招摇撞骗罪的,依照处罚较重的规定定罪处罚。

第九条 案发后查封、扣押、冻结在案的诈骗财物及其孳息,权属明确的,应当发还被害人;权属不明确的,可按被骗款物占查封、扣押、冻结在案的财物及其孳息总额的比例发还被害人,但已获退赔的应予扣除。

第十条 行为人已将诈骗财物用于清偿债务或者转让给他人,具有下列情形之一的,应当依法追缴:

(一)对方明知是诈骗财物而收取的;

(二)对方无偿取得诈骗财物的;

(三)对方以明显低于市场的价格取得诈骗财物的;

(四)对方取得诈骗财物系源于非法债务或者违法犯罪活动的。

他人善意取得诈骗财物的,不予追缴。

第十一条 以前发布的司法解释与本解释不一致的,以本解释为准。

最高人民法院、最高人民检察院、公安部关于办理电信网络诈骗等刑事案件适用法律若干问题的意见

(2016年12月19日发布 法发〔2016〕32号)

为依法惩治电信网络诈骗等犯罪活动,保护公民、法人和其他组织的合法权益,维护社会秩序,根据《中华人民共和国刑法》《中华人民共和国刑事诉讼法》等法律和有关司法解释的规定,结合工作实际,制定本意见。

一、总体要求

近年来,利用通讯工具、互联网等技术手段实施的电信网络诈骗犯罪活动持续高发,侵犯公民个人信息,扰乱无线电通讯管理秩序,掩饰、隐瞒犯罪所得、犯罪所得收益等上下游关联犯罪不断蔓延。此类犯罪严重侵害人民群众财产安全和其他合法权益,严重干扰电信网络秩序,严重破坏社会诚信,严重影响人民群众安全感和社会和谐稳定,社会危害性大,人民群众反映强烈。

人民法院、人民检察院、公安机关要针对电信网络诈骗等犯罪的特点,坚持全链条全方位打击,坚持依法从严从快惩处,坚持最大力度最大限度追赃挽损,进一步健全工作机制,加强协作配合,坚决有效遏制电信网络诈骗等犯罪活动,努力实现法律效果和社会效果的高度统一。

二、依法严惩电信网络诈骗犯罪

(一)根据最高人民法院、最高人民检察院《关于办理诈骗刑事案件具体应用法律若干问题的解释》第一条的规定,利用电信网络技术手段实施诈骗,诈骗公私财物价值三千元以上、三万元以上、五十万元以上的,应当分别认定为刑法第二百六十六条规定的"数额较大""数额巨大""数额特别巨大"。

二年内多次实施电信网络诈骗未经处理,诈骗数额累计计算构成犯罪的,应当依法定罪处罚。

(二)实施电信网络诈骗犯罪,达到相应数额标准,具有下列情形之一的,酌情从重处罚:

1. 造成被害人或其近亲属自杀、死亡或者精神失常等严重后果的;
2. 冒充司法机关等国家机关工作人员实施诈骗的;
3. 组织、指挥电信网络诈骗犯罪团伙的;
4. 在境外实施电信网络诈骗的;
5. 曾因电信网络诈骗犯罪受过刑事处罚或者二年内曾因电信网络诈骗受过行政处罚的;
6. 诈骗残疾人、老年人、未成年人、在校学生、丧失劳动能力人的财物,或者诈骗重病患者及其亲属财物的;
7. 诈骗救灾、抢险、防汛、优抚、扶贫、移民、救济、医疗等款物的;
8. 以赈灾、募捐等社会公益、慈善名义实施诈骗的;

9.利用电话追呼系统等技术手段严重干扰公安机关等部门工作的;

10.利用"钓鱼网站"链接、"木马"程序链接、网络渗透等隐蔽技术手段实施诈骗的。

(三)实施电信网络诈骗犯罪,诈骗数额接近"数额巨大""数额特别巨大"的标准,具有前述第(二)条规定的情形之一的,应当分别认定为刑法第二百六十六条规定的"其他严重情节""其他特别严重情节"。

上述规定的"接近",一般应掌握在相应数额标准的百分之八十以上。

(四)实施电信网络诈骗犯罪,犯罪嫌疑人、被告人实际骗得财物的,以诈骗罪(既遂)定罪处罚。诈骗数额难以查证,但具有下列情形之一的,应当认定为刑法第二百六十六条规定的"其他严重情节",以诈骗罪(未遂)定罪处罚:

1.发送诈骗信息五千条以上的,或者拨打诈骗电话五百人次以上的;

2.在互联网上发布诈骗信息,页面浏览量累计五千次以上的。

具有上述情形,数量达到相应标准十倍以上的,应当认定为刑法第二百六十六条规定的"其他特别严重情节",以诈骗罪(未遂)定罪处罚。

上述"拨打诈骗电话",包括拨出诈骗电话和接听被害人回拨电话。反复拨打、接听同一电话号码,以及反复向同一被害人发送诈骗信息的,拨打、接听电话次数、发送信息条数累计计算。

因犯罪嫌疑人、被告人故意隐匿、毁灭证据等原因,致拨打电话次数、发送信息条数的证据难以收集的,可以根据经查证属实的日拨打人次数、日发送信息条数,结合犯罪嫌疑人、被告人实施犯罪的时间、犯罪嫌疑人、被告人的供述等相关证据,综合予以认定。

(五)电信网络诈骗既有既遂,又有未遂,分别达到不同量刑幅度的,依照处罚较重的规定处罚;达到同一量刑幅度的,以诈骗罪既遂处罚。

(六)对实施电信网络诈骗犯罪的被告人裁量刑罚,在确定量刑起点、基准刑时,一般应就高选择。确定宣告刑时,应当综合全案事实情节,准确把握从重、从轻量刑情节的调节幅度,保证罪责刑相适应。

(七)对实施电信网络诈骗犯罪的被告人,应当严格控制适用缓刑的范围,严格掌握适用缓刑的条件。

(八)对实施电信网络诈骗犯罪的被告人,应当更加注重依法适用财产刑,加大经济上的惩罚力度,最大限度剥夺被告人再犯的能力。

三、全面惩处关联犯罪

(一)在实施电信网络诈骗活动中,非法使用"伪基站""黑广播",干扰无线电通讯秩序,符合刑法第二百八十八条规定的,以扰乱无线电通讯管理秩序罪追究刑事责任。同时构成诈骗罪的,依照处罚较重的规定定罪处罚。

(二)违反国家有关规定,向他人出售或者提供公民个人信息,窃取或者以其他方法非法获取公民个人信息,符合刑法第二百五十三条之一规定的,以侵犯公民个人信息罪追究刑事责任。

使用非法获取的公民个人信息,实施电信网络诈骗犯罪行为,构成数罪的,应当依法予以并罚。

(三)冒充国家机关工作人员实施电信网络诈骗犯罪,同时构成诈骗罪和招摇撞骗罪的,依照处罚较重的规定定罪处罚。

(四)非法持有他人信用卡,没有证据证明从事电信网络诈骗犯罪活动,符合刑法第一百七十七条之一第一款第(二)项规定的,以妨害信用卡管理罪追究刑事责任。

(五)明知是电信网络诈骗犯罪所得及其产生的收益,以下列方式之一予以转账、套现、取现的,依照刑法第三百一十二条第一款的规定,以掩饰、隐瞒犯罪所得、犯罪所得收益罪追究刑事责任。但有证据证明确实不知道的除外:

1. 通过使用销售点终端机具(POS机)刷卡套现等非法途径,协助转换或者转移财物的;

2. 帮助他人将巨额现金散存于多个银行账户,或在不同银行账户之间频繁划转的;

3. 多次使用或者使用多个非本人身份证明开设的信用卡、资金支付结算账户或者多次采用遮蔽摄像头、伪装等异常手段,帮助他人转账、套现、取现的;

4. 为他人提供非本人身份证明开设的信用卡、资金支付结算账户后,又帮助他人转账、套现、取现的;

5. 以明显异于市场的价格,通过手机充值、交易游戏点卡等方式套现的。

实施上述行为,事前通谋的,以共同犯罪论处。

实施上述行为,电信网络诈骗犯罪嫌疑人尚未到案或案件尚未依法裁判,但现有证据足以证明该犯罪行为确实存在的,不影响掩饰、隐瞒犯罪所得、犯罪所得收益罪的认定。

实施上述行为,同时构成其他犯罪的,依照处罚较重的规定定罪处罚。法律和司法解释另有规定的除外。

(六)网络服务提供者不履行法律、行政法规规定的信息网络安全管理义务,经监管部门责令采取改正措施而拒不改正,致使诈骗信息大量传播,或者用户信息泄露造成严重后果的,依照刑法第二百八十六条之一的规定,以拒不履行信息网络安全管理义务罪追究刑事责任。同时构成诈骗罪的,依照处罚较重的规定定罪处罚。

(七)实施刑法第二百八十七条之一、第二百八十七条之二规定之行为,构成非法利用信息网络罪、帮助信息网络犯罪活动罪,同时构成诈骗罪的,依照处罚较重的规定定罪处罚。

(八)金融机构、网络服务提供者、电信业务经营者等在经营活动中,违反国家有关规定,被电信网络诈骗犯罪分子利用,使他人遭受财产损失的,依法承担相应责任。构成犯罪的,依法追究刑事责任。

四、准确认定共同犯罪与主观故意

(一)三人以上为实施电信网络诈骗犯罪而组成的较为固定的犯罪组织,应依法认定为诈骗犯罪集团。对组织、领导犯罪集团的首要分子,按照集团所犯的全部罪行处罚。对犯罪集团中组织、指挥、策划者和骨干分子依法从严惩处。

对犯罪集团中起次要、辅助作用的从犯,特别是在规定期限内投案自首、积极协助抓获主犯、积极协助追赃的,依法从轻或减轻处罚。

对犯罪集团首要分子以外的主犯,应当按照其所参与的或者组织、指挥的全部犯罪处罚。全部犯罪包括能够查明具体诈骗数额的事实和能够查明发送诈骗信息条数、拨打诈骗电话人次数、诈骗信息网页浏览次数的事实。

(二)多人共同实施电信网络诈骗,犯罪嫌疑人、被告人应对其参与期间该诈骗团伙实施的全部诈骗行为承担责任。在其所参与的犯罪环节中起主要作用的,可以认定为主犯;起次要作用的,可以认定为从犯。

上述规定的"参与期间",从犯罪嫌疑人、被告人着手实施诈骗行为开始起算。

(三)明知他人实施电信网络诈骗犯罪,具有下列情形之一的,以共同犯罪论处,但法律和司法解释另有规定的除外:

1. 提供信用卡、资金支付结算账户、手机卡、通讯工具的;
2. 非法获取、出售、提供公民个人信息的;
3. 制作、销售、提供"木马"程序和"钓鱼软件"等恶意程序的;
4. 提供"伪基站"设备或相关服务的;
5. 提供互联网接入、服务器托管、网络存储、通讯传输等技术支持,或者提供支付结算等帮助的;
6. 在提供改号软件、通话线路等技术服务时,发现主叫号码被修改为国内党政机关、司法机关、公共服务部门号码,或者境外用户改为境内号码,仍提供服务的;
7. 提供资金、场所、交通、生活保障等帮助的;
8. 帮助转移诈骗犯罪所得及其产生的收益,套现、取现的。

上述规定的"明知他人实施电信网络诈骗罪",应当结合被告人的认知能力,既往经历,行为次数和手段,与他人关系,获利情况,是否曾因电信网络诈骗受过处罚,是否故意规避调查等主客观因素进行综合分析认定。

(四)负责招募他人实施电信网络诈骗犯罪活动,或者制作、提供诈骗方案、术语清单、语音包、信息等的,以诈骗共同犯罪论处。

(五)部分犯罪嫌疑人在逃,但不影响对已到案共同犯罪嫌疑人、被告人的犯罪事实认定的,可以依法先行追究已到案共同犯罪嫌疑人、被告人的刑事责任。

五、依法确定案件管辖

(一)电信网络诈骗犯罪案件一般由犯罪地公安机关立案侦查,如果由犯罪嫌疑人居住地公安机关立案侦查更为适宜的,可以由犯罪嫌疑人居住地公安机关立案侦查。犯罪地包括犯罪行为发生地和犯罪结果发生地。

"犯罪行为发生地"包括用于电信网络诈骗犯罪的网站服务器所在地,网站建立者、管理者所在地,被侵害的计算机信息系统或其管理者所在地,犯罪嫌疑人、被害人使用的计算机信息系统所在地,诈骗电话、短信息、电子邮件等的拨打地、发送地、到达地、接受地,以及诈骗行为持续发生的实施地、预备地、开始地、途经地、结束地。

"犯罪结果发生地"包括被害人被骗时所在地,以及诈骗所得财物的实际取得地、藏匿地、转移地、使用地、销售地等。

(二)电信网络诈骗最初发现地公安机关侦办的案件,诈骗数额当时未达到"数额较大"标准,但后续累计达到"数额较大"标准,可由最初发现地公安机关立案侦查。

(三)具有下列情形之一的,有关公安机关可以在其职责范围内并案侦查:

1. 一人犯数罪的;
2. 共同犯罪的;
3. 共同犯罪的犯罪嫌疑人还实施其他犯罪的;
4. 多个犯罪嫌疑人实施的犯罪存在直接关联,并案处理有利于查明案件事实的。

(四)对因网络交易、技术支持、资金支付结算等关系形成多层级链条、跨区域的电信网络诈骗等犯罪案件,可由共同上级公安机关按照有利于查清犯罪事实、有利于诉讼的原则,指定有关公安机关立案侦查。

(五)多个公安机关都有权立案侦查的电信网络诈骗等犯罪案件,由最初受理的公安机关或者主要犯罪地公安机关立案侦查。有争议的,按照有利于查清犯罪事实、有利于诉讼的原则,协商解决。经协商无法达成一致的,由共同上级公安机关指定有关公安机关立案侦查。

(六)在境外实施的电信网络诈骗等犯罪案件,可由公安部按照有利于查清犯罪事实、有利于诉讼的原则,指定有关公安机关立案侦查。

(七)公安机关立案、并案侦查,或因有争议,由共同上级公安机关指定立案侦查的案件,需要提请批准逮捕、移送审查起诉、提起公诉的,由该公安机关所在地的人民检察院、人民法院受理。

对重大疑难复杂案件和境外案件,公安机关应在指定立案侦查前,向同级人民检察院、人民法院通报。

(八)已确定管辖的电信诈骗共同犯罪案件,在逃的犯罪嫌疑人归案后,一般由原管辖的公安机关、人民检察院、人民法院管辖。

六、证据的收集和审查判断

(一)办理电信网络诈骗案件,确因被害人人数众多等客观条件的限制,无法逐一收集被害人陈述的,可以结合已收集的被害人陈述,以及经查证属实的银行账户交易记录、第三方支付结算账户交易记录、通话记录、电子数据等证据,综合认定被害人人数及诈骗资金数额等犯罪事实。

(二)公安机关采取技术侦查措施收集的案件证明材料,作为证据使用的,应当随案移送批准采取技术侦查措施的法律文书和所收集的证据材料,并对其来源等作出书面说明。

(三)依照国际条约、刑事司法协助、互助协议或平等互助原则,请求证据材料所在地司法机关收集,或通过国际警务合作机制、国际刑警组织启动合作取证程序收集的境外证据材料,经查证属实,可以作为定案的依据。公安机关应对其来源、提取人、提取时间或者提供人、提供时间以及保管移交的过程等作出说明。

对其他来自境外的证据材料,应当对其来源、提供人、提供时间以及提取人、提取时间进行审查。能够证明案件事实且符合刑事诉讼法规定的,可以作为证据使用。

七、涉案财物的处理

(一)公安机关侦办电信网络诈骗案件,应当随案移送涉案赃款赃物,并附清单。人民检察院提起公诉时,应一并移交受理案件的人民法院,同时就涉案赃款赃物的处理提出意见。

(二)涉案银行账户或者涉案第三方支付账户内的款项,对权属明确的被害人的合法财产,应当及时返还。确因客观原因无法查实全部被害人,但有证据证明该账户系用于电信网络诈骗犯罪,且被告人无法说明款项合法来源的,根据刑法第六十四条的规定,应认定为违法所得,予以追缴。

(三)被告人已将诈骗财物用于清偿债务或者转让给他人,具有下列情形之一的,应当依法追缴:

1. 对方明知是诈骗财物而收取的;
2. 对方无偿取得诈骗财物的;
3. 对方以明显低于市场的价格取得诈骗财物的;
4. 对方取得诈骗财物系源于非法债务或者违法犯罪活动的。

他人善意取得诈骗财物的,不予追缴。

最高人民法院、最高人民检察院、公安部关于办理电信网络诈骗等刑事案件适用法律若干问题的意见（二）

（2021年6月17日发布　法发〔2021〕22号）

为进一步依法严厉惩治电信网络诈骗犯罪，对其上下游关联犯罪实行全链条、全方位打击，根据《中华人民共和国刑法》《中华人民共和国刑事诉讼法》等法律和有关司法解释的规定，针对司法实践中出现的新的突出问题，结合工作实际，制定本意见。

一、电信网络诈骗犯罪地，除《最高人民法院、最高人民检察院、公安部关于办理电信网络诈骗等刑事案件适用法律若干问题的意见》规定的犯罪行为发生地和结果发生地外，还包括：

（一）用于犯罪活动的手机卡、流量卡、物联网卡的开立地、销售地、转移地、藏匿地；

（二）用于犯罪活动的信用卡的开立地、销售地、转移地、藏匿地、使用地以及资金交易对手资金交付和汇出地；

（三）用于犯罪活动的银行账户、非银行支付账户的开立地、销售地、使用地以及资金交易对手资金交付和汇出地；

（四）用于犯罪活动的即时通讯信息、广告推广信息的发送地、接受地、到达地；

（五）用于犯罪活动的"猫池"（Modem Pool）、GOIP设备、多卡宝等硬件设备的销售地、入网地、藏匿地；

（六）用于犯罪活动的互联网账号的销售地、登录地。

二、为电信网络诈骗犯罪提供作案工具、技术支持等帮助以及掩饰、隐瞒犯罪所得及其产生的收益，由此形成多层级犯罪链条的，或者利用同一网站、通讯群组、资金账户、作案窝点实施电信网络诈骗犯罪的，应当认定为多个犯罪嫌疑人、被告人实施的犯罪存在关联，人民法院、人民检察院、公安机关可以在其职责范围内并案处理。

三、有证据证实行为人参加境外诈骗犯罪集团或犯罪团伙，在境外针对境内居民实施电信网络诈骗犯罪行为，诈骗数额难以查证，但一年内出境赴境外诈骗犯罪窝点累计时间30日以上或多次出境赴境外诈骗犯罪窝点的，应当认定为刑法第二百六十六条规定的"其他严重情节"，以诈骗罪依法追究刑事责任。有证据证明其出境从事正当活动的除外。

四、无正当理由持有他人的单位结算卡的，属于刑法第一百七十七条之一第一款第（二）项规定的"非法持有他人信用卡"。

五、非法获取、出售、提供具有信息发布、即时通讯、支付结算等功能的互联网账号密码、个人生物识别信息，符合刑法第二百五十三条之一规定的，以侵犯公民个人信息罪追究刑事责任。

对批量前述互联网账号密码、个人生物识别信息的条数，根据查获的数量直接认定，但有证据证明信息不真实或者重复的除外。

六、在网上注册办理手机卡、信用卡、银行账户、非银行支付账户时，为通过网上认证，使用他人身份证件信息并替换他人身份证件相片，属于伪造身份证件行为，符合刑法第二百八十条第三款规定的，以伪造身份证件罪追究刑事责任。

使用伪造、变造的身份证件或者盗用他人身份证件办理手机卡、信用卡、银行账户、非银行支付账户，符合刑法第二百八十条之一第一款规定的，以使用虚假身份证件、盗用身份证件罪追究刑事责任。

实施上述两款行为，同时构成其他犯罪的，依照处罚较重的规定定罪处罚。法律和司法解释另有规定的除外。

七、为他人利用信息网络实施犯罪而实施下列行为，可以认定为刑法第二百八十七条之二规定的"帮助"行为：

（一）收购、出售、出租信用卡、银行账户、非银行支付账户、具有支付结算功能的互联网账号密码、网络支付接口、网上银行数字证书的；

（二）收购、出售、出租他人手机卡、流量卡、物联网卡的。

八、认定刑法第二百八十七条之二规定的行为人明知他人利用信息网络实施犯罪，应当根据行为人收购、出售、出租前述第七条规定的信用卡、银行账户、非银行支付账户、具有支付结算功能的互联网账号密码、网络支付接口、网上银行数字证书，或者他人手机卡、流量卡、物联网卡等的次数、张数、个数，并结合行为人的认知能力、既往经历、交易对象、与实施信息网络犯罪的行为人的关系、提供技术支持或者帮助的时间和方式、获利情况以及行为人的供述等主客观因素，予以综合认定。

收购、出售、出租单位银行结算账户、非银行支付机构单位支付账户，或者电信、银行、网络支付等行业从业人员利用履行职责或提供服务便利，非法开办并出售、出租他人手机卡、信用卡、银行账户、非银行支付账户等的，可以认定为《最高人民法院、最高人民检察院关于办理非法利用信息网络、帮助信息网络犯罪活动等刑事案件适用法律若干问题的解释》第十一条第（七）项规定的"其他足以认定行为人明知的情形"。但有相反证据的除外。

九、明知他人利用信息网络实施犯罪，为其犯罪提供下列帮助之一的，可以认定为《最高人民法院、最高人民检察院关于办理非法利用信息网络、帮助信息网络犯罪活动等刑事案件适用法律若干问题的解释》第十二条第一款第（七）项规定的"其他情节严重的情形"：

（一）收购、出售、出租信用卡、银行账户、非银行支付账户、具有支付结算功能的互联网账号密码、网络支付接口、网上银行数字证书5张（个）以上的；

（二）收购、出售、出租他人手机卡、流量卡、物联网卡20张以上的。

十、电商平台预付卡、虚拟货币、手机充值卡、游戏点卡、游戏装备等经销商，在公安机关调查案件过程中，被明确告知其交易对象涉嫌电信网络诈骗犯罪，仍与其继续交易，符合刑法第二百八十七条之二规定的，以帮助信息网络犯罪活动罪追究刑事责任。同时构成其他犯罪的，依照处罚较重的规定定罪处罚。

十一、明知是电信网络诈骗犯罪所得及其产生的收益，以下列方式之一予以转账、套现、取现，符合刑法第三百一十二条第一款规定的，以掩饰、隐瞒犯罪所得、犯罪所得收益罪追究刑事责任。但有证据证明确实不知道的除外。

（一）多次使用或者使用多个非本人身份证明开设的收款码、网络支付接口等，帮助他人转账、套现、取现的；

（二）以明显异于市场的价格，通过电商平台预付卡、虚拟货币、手机充值卡、游戏点卡、游戏装备等转换财物、套现的；

（三）协助转换或者转移财物，收取明显高于市场的"手续费"的。

实施上述行为，事前通谋的，以共同犯罪论处；同时构成其他犯罪的，依照处罚较重的规定定罪处罚。法律和司法解释另有规定的除外。

十二、为他人实施电信网络诈骗犯罪提供技术支持、广告推广、支付结算等帮助，或者窝藏、转移、收购、代为销售及以其他方法掩饰、隐瞒电信网络诈骗犯罪所得及其产生的收益，诈骗犯罪行为可以确认，但实施诈骗的行为人尚未到案，可以依法先行追究已到案的上述犯罪嫌疑人、被告人的刑事责任。

十三、办案地公安机关可以通过公安机关信息化系统调取异地公安机关依法制作、收集的刑事案件受案登记表、立案决定书、被害人陈述等证据材料。调取时不得少于两名侦查人员，并应记载调取的时间、使用的信息化系统名称等相关信息，调取人签名并加盖办案地公安机关印章。经审核证明真实的，可以作为证据使用。

十四、通过国（区）际警务合作收集或者境外警方移交的境外证据材料，确因客观条件限制，境外警方未提供相关证据的发现、收集、保管、移交情况等材料的，公安机关应当对上述证据材料的来源、移交过程以及种类、数量、特征等作出书面说明，由两名以上侦查人员签名并加盖公安机关印章。经审核能够证明案件事实的，可以作为证据使用。

十五、对境外司法机关抓获并羁押的电信网络诈骗犯罪嫌疑人，在境内接受审判的，境外的羁押期限可以折抵刑期。

十六、办理电信网络诈骗犯罪案件，应当充分贯彻宽严相济刑事政策。在侦查、审查起诉、审判过程中，应当全面收集证据、准确甄别犯罪嫌疑人、被告人在共同犯罪中的层级地位及作用大小，结合其认罪态度和悔罪表现，区别对待，宽严并用，科学量刑，确保罚当其罪。

对于电信网络诈骗犯罪集团、犯罪团伙的组织者、策划者、指挥者和骨干分子，以及利用未成年人、在校学生、老年人、残疾人实施电信网络诈骗的，依法从严惩处。

对于电信网络诈骗犯罪集团、犯罪团伙中的从犯，特别是其中参与时间相对较短、诈骗数额相对较低或者从事辅助性工作并领取少量报酬，以及初犯、偶犯、未成年人、在校学生等，应当综合考虑其在共同犯罪中的地位作用、社会危害程度、主观恶性、人身危险性、认罪悔罪表现等情节，可以依法从轻、减轻处罚。犯罪情节轻微的，可以依法不起诉或者免予刑事处罚；情节显著轻微危害不大的，不以犯罪论处。

十七、查扣的涉案账户内资金，应当优先返还被害人，如不足以全额返还的，应当按照比例返还。

最高人民法院、最高人民检察院、公安部关于办理信息网络犯罪案件适用刑事诉讼程序若干问题的意见

（2022年8月26日发布　法发〔2022〕23号
自2022年9月1日起施行）

为依法惩治信息网络犯罪活动，根据《中华人民共和国刑法》《中华人民共和国刑事诉讼法》以及有关法律、司法解释的规定，结合侦查、起诉、审判实践，现就办理此类案件适用刑事诉讼程序问题提出以下意见。

一、关于信息网络犯罪案件的范围

1.本意见所称信息网络犯罪案件包括：

（1）危害计算机信息系统安全犯罪案件；

（2）拒不履行信息网络安全管理义务、非法利用信息网络、帮助信息网络犯罪活动的犯罪案件；

（3）主要行为通过信息网络实施的诈骗、赌博、侵犯公民个人信息等其他犯罪案件。

二、关于信息网络犯罪案件的管辖

2.信息网络犯罪案件由犯罪地公安机关立案侦查。必要时，可以由犯罪嫌疑人居住地公安机关立案侦查。

信息网络犯罪案件的犯罪地包括用于实施犯罪行为的网络服务使用的服务器所在地，网络服务提供者所在地，被侵害的信息网络系统及其管理者所在地，犯罪过程中犯罪嫌疑人、被害人或者其他涉案人员使用的信息网络系统所在地，被害人被侵害时所在地以及被害人财产遭受损失地等。

涉及多个环节的信息网络犯罪案件，犯罪嫌疑人为信息网络犯罪提供帮助的，其犯罪地、居住地或者被帮助对象的犯罪地公安机关可以立案侦查。

3. 有多个犯罪地的信息网络犯罪案件，由最初受理的公安机关或者主要犯罪地公安机关立案侦查。有争议的，按照有利于查清犯罪事实、有利于诉讼的原则，协商解决；经协商无法达成一致的，由共同上级公安机关指定有关公安机关立案侦查。需要提请批准逮捕、移送审查起诉、提起公诉的，由立案侦查的公安机关所在地的人民检察院、人民法院受理。

4. 具有下列情形之一的，公安机关、人民检察院、人民法院可以在其职责范围内并案处理：

（1）一人犯数罪的；

（2）共同犯罪的；

（3）共同犯罪的犯罪嫌疑人、被告人还实施其他犯罪的；

（4）多个犯罪嫌疑人、被告人实施的犯罪行为存在关联，并案处理有利于查明全部案件事实的。

对为信息网络犯罪提供程序开发、互联网接入、服务器托管、网络存储、通讯传输等技术支持，或者广告推广、支付结算等帮助，涉嫌犯罪的，可以依照第一款的规定并案侦查。

有关公安机关依照前两款规定并案侦查的案件，需要提请批准逮捕、移送审查起诉、提起公诉的，由该公安机关所在地的人民检察院、人民法院受理。

5. 并案侦查的共同犯罪或者关联犯罪案件，犯罪嫌疑人人数众多、案情复杂的，公安机关可以分案移送审查起诉。分案移送审查起诉的，应当对并案侦查的依据、分案移送审查起诉的理由作出说明。

对于前款规定的案件，人民检察院可以分案提起公诉，人民法院可以分案审理。

分案处理应当以有利于保障诉讼质量和效率为前提，并不得影响当事人质证权等诉讼权利的行使。

6. 依照前条规定分案处理,公安机关、人民检察院、人民法院在分案前有管辖权的,分案后对相关案件的管辖权不受影响。根据具体情况,分案处理的相关案件可以由不同审级的人民法院分别审理。

7. 对于共同犯罪或者已并案侦查的关联犯罪案件,部分犯罪嫌疑人未到案,但不影响对已到案共同犯罪或者关联犯罪的犯罪嫌疑人、被告人的犯罪事实认定的,可以先行追究已到案犯罪嫌疑人、被告人的刑事责任。之前未到案的犯罪嫌疑人、被告人归案后,可以由原办案机关所在地公安机关、人民检察院、人民法院管辖其所涉及的案件。

8. 对于具有特殊情况,跨省(自治区、直辖市)指定异地公安机关侦查更有利于查清犯罪事实、保证案件公正处理的重大信息网络犯罪案件,以及在境外实施的信息网络犯罪案件,公安部可以商最高人民检察院和最高人民法院指定侦查管辖。

9. 人民检察院对于审查起诉的案件,按照刑事诉讼法的管辖规定,认为应当由上级人民检察院或者同级其他人民检察院起诉的,应当将案件移送有管辖权的人民检察院,并通知移送起诉的公安机关。人民检察院认为需要依照刑事诉讼法的规定指定审判管辖的,应当协商同级人民法院办理指定管辖有关事宜。

10. 犯罪嫌疑人被多个公安机关立案侦查的,有关公安机关一般应当协商并案处理,并依法移送案件。协商不成的,可以报请共同上级公安机关指定管辖。

人民检察院对于审查起诉的案件,发现犯罪嫌疑人还有犯罪被异地公安机关立案侦查的,应当通知移送审查起诉的公安机关。

人民法院对于提起公诉的案件,发现被告人还有其他犯罪被审查起诉、立案侦查的,可以协商人民检察院、公安机关并案处理,但可能造成审判过分迟延的除外。决定对有关犯罪并案处理,符合《中华人民共和国刑事诉讼法》第二百零四条规定的,人民检察院可以建议人民法院延期审理。

三、关于信息网络犯罪案件的调查核实

11. 公安机关对接受的案件或者发现的犯罪线索,在审查中发现案件事实或者线索不明,需要经过调查才能够确认是否达到刑事立案标准的,经公安机关办案部门负责人批准,可以进行调查核实;经过调查核实达到刑事立案标准的,应当及时立案。

12. 调查核实过程中,可以采取询问、查询、勘验、检查、鉴定、调取证据材料等不限制被调查对象人身、财产权利的措施,不得对被调查对象采取强制措施,不得查封、扣押、冻结被调查对象的财产,不得采取技术侦查措施。

13. 公安机关在调查核实过程中依法收集的电子数据等材料,可以根据有关规定作为证据使用。

调查核实过程中收集的材料作为证据使用的,应当随案移送,并附批准调查核实的相关材料。

调查核实过程中收集的证据材料经查证属实,且收集程序符合有关要求的,可以作为定案依据。

四、关于信息网络犯罪案件的取证

14. 公安机关向网络服务提供者调取电子数据的,应当制作调取证据通知书,注明需要调取的电子数据的相关信息。调取证据通知书及相关法律文书可以采用数据电文形式。跨地域调取电子数据的,可以通过公安机关信息化系统传输相关数据电文。

网络服务提供者向公安机关提供电子数据的,可以采用数据电文形式。采用数据电文形式提供电子数据的,应当保证电子数据的完整性,并制作电子证明文件,载明调证法律文书编号、单位电子公章、完整性校验值等保护电子数据完整性方法的说明等信息。

数据电文形式的法律文书和电子证明文件,应当使用电子签名、数字水印等方式保证完整性。

15. 询(讯)问异地证人、被害人以及与案件有关联的犯罪嫌疑人的,可以由办案地公安机关通过远程网络视频等方式进行并制作笔录。

远程询(讯)问的,应当由协作地公安机关事先核实被询(讯)问人的身份。办案地公安机关应当将询(讯)问笔录传输至协作地公安机关。询(讯)问笔录经被询(讯)问人确认并逐页签名、捺指印后,由协作地公安机关协作人员签名或者盖章,并将原件提供给办案地公安机关。询(讯)问人员收到笔录后,应当在首页右上方写明"于某年某月某日收到",并签名或者盖章。

远程询(讯)问的,应当对询(讯)问过程同步录音录像,并随案移送。

异地证人、被害人以及与案件有关联的犯罪嫌疑人亲笔书写证词、供词的,参照执行本条第二款规定。

16. 人民检察院依法自行侦查、补充侦查,或者人民法院调查核实相关证据的,适用本意见第 14 条、第 15 条的有关规定。

17. 对于依照本意见第 14 条的规定调取的电子数据,人民检察院、人民法院可以通过核验电子签名、数字水印、电子数据完整性校验值及调证法律文书编号是否与证明文件相一致等方式,对电子数据进行审查判断。

对调取的电子数据有疑问的,由公安机关、提供电子数据的网络服务提供者作出说明,或者由原调取机关补充收集相关证据。

五、关于信息网络犯罪案件的其他问题

18. 采取技术侦查措施收集的材料作为证据使用的,应当随案移送,并附采取技术侦查措施的法律文书、证据材料清单和有关说明材料。

移送采取技术侦查措施收集的视听资料、电子数据的,应当由两名以上侦查人员制作复制件,并附制作说明,写明原始证据材料、原始存储介质的存放地点等信息,由制作人签名,并加盖单位印章。

19. 采取技术侦查措施收集的证据材料,应当经过当庭出示、辨认、质证等法庭调查程序查证。

当庭调查技术侦查证据材料可能危及有关人员的人身安全,或者可能产生其他严重后果的,法庭应当采取不暴露有关人员身份和技术侦查措施使用的技术设备、技术方法等保护措施。必要时,审判人员可以在庭外对证据进行核实。

20. 办理信息网络犯罪案件,对于数量特别众多且具有同类性质、特征或者功能的物证、书证、证人证言、被害人陈述、视听资料、电子数据等证据材料,确因客观条件限制无法逐一收集的,应当按照一定比例或者数量选取证据,并对选取情况作出说明和论证。

人民检察院、人民法院应当重点审查取证方法、过程是否科学。经审查认为取证不科学的,应当由原取证机关作出补充说明或者重新取证。

人民检察院、人民法院应当结合其他证据材料,以及犯罪嫌疑人、被告人及其辩护人所提辩解、辩护意见,审查认定取得的证据。经审查,对相关事实不能排除合理怀疑的,应当作出有利于犯罪嫌疑人、被告人的认定。

21. 对于涉案人数特别众多的信息网络犯罪案件,确因客观条件限制无法收集证据逐一证明、逐人核实涉案账户的资金来源,但根据银行账户、非银行支付账户等交易记录和其他证据材料,足以认定有关账户主要用于接收、流转涉案资金的,可以按照该账户接收的资金数额认定犯罪数额,但犯罪嫌疑人、被告人能够作出合理说明的除外。案外人提出异议的,应当依法审查。

22. 办理信息网络犯罪案件,应当依法及时查封、扣押、冻结涉案财物,督促涉案人员退赃退赔,及时追赃挽损。

公安机关应当全面收集证明涉案财物性质、权属情况、依法应予追缴、没收或者责令退赔的证据材料,在移送审查起诉时随案移送并作出说明。其中,涉案财物需要返还被害人的,应当尽可能查明被害人损失情况。人民检察院应当对涉案财物的证据材料进行审查,在提起公诉时提出处理意见。人民法院应当依法作出判决,对涉案财物作出处理。

对应当返还被害人的合法财产,权属明确的,应当依法及时返还;权属不明的,应当在人民法院判决、裁定生效后,按比例返还被害人,但已获退赔的部分应予扣除。

23. 本意见自2022年9月1日起施行。《最高人民法院、最高人民检察院、公安部关于办理网络犯罪案件适用刑事诉讼程序若干问题的意见》(公通字〔2014〕10号)同时废止。

人民检察院办理网络犯罪案件规定

(2020年12月14日最高人民检察院第十三届检察委员会第五十七次会议通过 2021年1月22日公布施行 高检发办字〔2021〕3号)

第一章 一般规定

第一条 为规范人民检察院办理网络犯罪案件,维护国家安全、网络安全、社会公共利益,保护公民、法人和其他组织的合法权益,根据《中华人民共和国刑事诉讼法》《人民检察院刑事诉讼规则》等规定,结合司法实践,制定本规定。

第二条　本规定所称网络犯罪是指针对信息网络实施的犯罪,利用信息网络实施的犯罪,以及其他上下游关联犯罪。

第三条　人民检察院办理网络犯罪案件应当加强全链条惩治,注重审查和发现上下游关联犯罪线索。对涉嫌犯罪,公安机关未立案侦查、应当提请批准逮捕而未提请批准逮捕或者应当移送起诉而未移送起诉的,依法进行监督。

第四条　人民检察院办理网络犯罪案件应当坚持惩治犯罪与预防犯罪并举,建立捕、诉、监、防一体的办案机制,加强以案释法,发挥检察建议的作用,促进有关部门、行业组织、企业等加强网络犯罪预防和治理,净化网络空间。

第五条　网络犯罪案件的管辖适用刑事诉讼法及其他相关规定。

有多个犯罪地的,按照有利于查清犯罪事实、有利于保护被害人合法权益、保证案件公正处理的原则确定管辖。

因跨区域犯罪、共同犯罪、关联犯罪等原因存在管辖争议的,由争议的人民检察院协商解决,协商不成的,报请共同的上级人民检察院指定管辖。

第六条　人民检察院办理网络犯罪案件应当发挥检察一体化优势,加强跨区域协作办案,强化信息互通、证据移交、技术协作,增强惩治网络犯罪的合力。

第七条　人民检察院办理网络犯罪案件应当加强对电子数据收集、提取、保全、固定等的审查,充分运用同一电子数据往往具有的多元关联证明作用,综合运用电子数据与其他证据,准确认定案件事实。

第八条　建立检察技术人员、其他有专门知识的人参与网络犯罪案件办理制度。根据案件办理需要,吸收检察技术人员加入办案组辅助案件办理。积极探索运用大数据、云计算、人工智能等信息技术辅助办案,提高网络犯罪案件办理的专业化水平。

第九条　人民检察院办理网络犯罪案件,对集团犯罪或者涉案人数众多的,根据行为人的客观行为、主观恶性、犯罪情节及地位、作用等综合判断责任轻重和刑事追究的必要性,按照区别对待原则分类处理,依法追诉。

第十条　人民检察院办理网络犯罪案件应当把追赃挽损贯穿始终,主动加强与有关机关协作,保证及时查封、扣押、冻结涉案财物,阻断涉案财物移转链条,督促涉案人员退赃退赔。

第二章 引导取证和案件审查

第十一条 人民检察院办理网络犯罪案件应当重点围绕主体身份同一性、技术手段违法性、上下游行为关联性等方面全面审查案件事实和证据,注重电子数据与其他证据之间的相互印证,构建完整的证据体系。

第十二条 经公安机关商请,根据追诉犯罪的需要,人民检察院可以派员适时介入重大、疑难、复杂网络犯罪案件的侦查活动,并对以下事项提出引导取证意见:

(一)案件的侦查方向及可能适用的罪名;

(二)证据的收集、提取、保全、固定、检验、分析等;

(三)关联犯罪线索;

(四)追赃挽损工作;

(五)其他需要提出意见的事项。

人民检察院开展引导取证活动时,涉及专业性问题的,可以指派检察技术人员共同参与。

第十三条 人民检察院可以通过以下方式了解案件办理情况:

(一)查阅案件材料;

(二)参加公安机关对案件的讨论;

(三)了解讯(询)问犯罪嫌疑人、被害人、证人的情况;

(四)了解、参与电子数据的收集、提取;

(五)其他方式。

第十四条 人民检察院介入网络犯罪案件侦查活动,发现关联犯罪或其他新的犯罪线索,应当建议公安机关依法立案或移送相关部门;对于犯罪嫌疑人不构成犯罪的,依法监督公安机关撤销案件。

第十五条 人民检察院可以根据案件侦查情况,向公安机关提出以下取证意见:

(一)能够扣押、封存原始存储介质的,及时扣押、封存;

(二)扣押可联网设备时,及时采取信号屏蔽、信号阻断或者切断电源等

方式,防止电子数据被远程破坏;

(三)及时提取账户密码及相应数据,如电子设备、网络账户、应用软件等的账户密码,以及存储于其中的聊天记录、电子邮件、交易记录等;

(四)及时提取动态数据,如内存数据、缓存数据、网络连接数据等;

(五)及时提取依赖于特定网络环境的数据,如点对点网络传输数据、虚拟专线网络中的数据等;

(六)及时提取书证、物证等客观证据,注意与电子数据相互印证。

第十六条 对于批准逮捕后要求公安机关继续侦查、不批准逮捕后要求公安机关补充侦查或者审查起诉退回公安机关补充侦查的网络犯罪案件,人民检察院应当重点围绕本规定第十二条第一款规定的事项,有针对性地制作继续侦查提纲或者补充侦查提纲。对于专业性问题,应当听取检察技术人员或者其他有专门知识的人的意见。

人民检察院应当及时了解案件继续侦查或者补充侦查的情况。

第十七条 认定网络犯罪的犯罪嫌疑人,应当结合全案证据,围绕犯罪嫌疑人与原始存储介质、电子数据的关联性、犯罪嫌疑人网络身份与现实身份的同一性,注重审查以下内容:

(一)扣押、封存的原始存储介质是否为犯罪嫌疑人所有、持有或者使用;

(二)社交、支付结算、网络游戏、电子商务、物流等平台的账户信息、身份认证信息、数字签名、生物识别信息等是否与犯罪嫌疑人身份关联;

(三)通话记录、短信、聊天信息、文档、图片、语音、视频等文件内容是否能够反映犯罪嫌疑人的身份;

(四)域名、IP 地址、终端 MAC 地址、通信基站信息等是否能够反映电子设备为犯罪嫌疑人所使用;

(五)其他能够反映犯罪嫌疑人主体身份的内容。

第十八条 认定犯罪嫌疑人的客观行为,应当结合全案证据,围绕其利用的程序工具、技术手段的功能及其实现方式、犯罪行为和结果之间的关联性,注重审查以下内容:

(一)设备信息、软件程序代码等作案工具;

(二)系统日志、域名、IP 地址、WiFi 信息、地理位置信息等是否能够反映犯罪嫌疑人的行为轨迹;

（三）操作记录、网络浏览记录、物流信息、交易结算记录、即时通信信息等是否能够反映犯罪嫌疑人的行为内容；

（四）其他能够反映犯罪嫌疑人客观行为的内容。

第十九条 认定犯罪嫌疑人的主观方面，应当结合犯罪嫌疑人的认知能力、专业水平、既往经历、人员关系、行为次数、获利情况等综合认定，注重审查以下内容：

（一）反映犯罪嫌疑人主观故意的聊天记录、发布内容、浏览记录等；

（二）犯罪嫌疑人行为是否明显违背系统提示要求、正常操作流程；

（三）犯罪嫌疑人制作、使用或者向他人提供的软件程序是否主要用于违法犯罪活动；

（四）犯罪嫌疑人支付结算的对象、频次、数额等是否明显违反正常交易习惯；

（五）犯罪嫌疑人是否频繁采用隐蔽上网、加密通信、销毁数据等措施或者使用虚假身份；

（六）其他能够反映犯罪嫌疑人主观方面的内容。

第二十条 认定犯罪行为的情节和后果，应当结合网络空间、网络行为的特性，从违法所得、经济损失、信息系统的破坏、网络秩序的危害程度以及对被害人的侵害程度等综合判断，注重审查以下内容：

（一）聊天记录、交易记录、音视频文件、数据库信息等能够反映犯罪嫌疑人违法所得、获取和传播数据及文件的性质、数量的内容；

（二）账号数量、信息被点击次数、浏览次数、被转发次数等能够反映犯罪行为对网络空间秩序产生影响的内容；

（三）受影响的计算机信息系统数量、服务器日志信息等能够反映犯罪行为对信息网络运行造成影响程度的内容；

（四）被害人数量、财产损失数额、名誉侵害的影响范围等能够反映犯罪行为对被害人的人身、财产等造成侵害的内容；

（五）其他能够反映犯罪行为情节、后果的内容。

第二十一条 人民检察院办理网络犯罪案件，确因客观条件限制无法逐一收集相关言词证据的，可以根据记录被害人人数、被侵害的计算机信息系统数量、涉案资金数额等犯罪事实的电子数据、书证等证据材料，在审查被告人及其辩护人所提辩解、辩护意见的基础上，综合全案证据材料，对相关犯罪事实作出认定。

第二十二条　对于数量众多的同类证据材料,在证明是否具有同样的性质、特征或者功能时,因客观条件限制不能全部验证的,可以进行抽样验证。

第二十三条　对鉴定意见、电子数据等技术性证据材料,需要进行专门审查的,应当指派检察技术人员或者聘请其他有专门知识的人进行审查并提出意见。

第二十四条　人民检察院在审查起诉过程中,具有下列情形之一的,可以依法自行侦查:

(一)公安机关未能收集的证据,特别是存在灭失、增加、删除、修改风险的电子数据,需要及时收集和固定的;

(二)经退回补充侦查未达到补充侦查要求的;

(三)其他需要自行侦查的情形。

第二十五条　自行侦查由检察官组织实施,开展自行侦查的检察人员不得少于二人。需要技术支持和安全保障的,由人民检察院技术部门和警务部门派员协助。必要时,可以要求公安机关予以配合。

第二十六条　人民检察院办理网络犯罪案件的部门,发现或者收到侵害国家利益、社会公共利益的公益诉讼案件线索的,应当及时移送负责公益诉讼的部门处理。

第三章　电子数据的审查

第二十七条　电子数据是以数字化形式存储、处理、传输的,能够证明案件事实的数据,主要包括以下形式:

(一)网页、社交平台、论坛等网络平台发布的信息;

(二)手机短信、电子邮件、即时通信、通讯群组等网络通讯信息;

(三)用户注册信息、身份认证信息、数字签名、生物识别信息等用户身份信息;

(四)电子交易记录、通信记录、浏览记录、操作记录、程序安装、运行、删除记录等用户行为信息;

(五)恶意程序、工具软件、网站源代码、运行脚本等行为工具信息;

(六)系统日志、应用程序日志、安全日志、数据库日志等系统运行信息;

（七）文档、图片、音频、视频、数字证书、数据库文件等电子文件及其创建时间、访问时间、修改时间、大小等文件附属信息。

第二十八条 电子数据取证主要包括以下方式：收集、提取电子数据；电子数据检查和侦查实验；电子数据检验和鉴定。

收集、提取电子数据可以采取以下方式：

（一）扣押、封存原始存储介质；

（二）现场提取电子数据；

（三）在线提取电子数据；

（四）冻结电子数据；

（五）调取电子数据。

第二十九条 人民检察院办理网络犯罪案件，应当围绕客观性、合法性、关联性的要求对电子数据进行全面审查。注重审查电子数据与案件事实之间的多元关联，加强综合分析，充分发挥电子数据的证明作用。

第三十条 对电子数据是否客观、真实，注重审查以下内容：

（一）是否移送原始存储介质，在原始存储介质无法封存、不便移动时，是否说明原因，并注明相关情况；

（二）电子数据是否有数字签名、数字证书等特殊标识；

（三）电子数据的收集、提取过程及结果是否可以重现；

（四）电子数据有增加、删除、修改等情形的，是否附有说明；

（五）电子数据的完整性是否可以保证。

第三十一条 对电子数据是否完整，注重审查以下内容：

（一）原始存储介质的扣押、封存状态是否完好；

（二）比对电子数据完整性校验值是否发生变化；

（三）电子数据的原件与备份是否相同；

（四）冻结后的电子数据是否生成新的操作日志。

第三十二条 对电子数据的合法性，注重审查以下内容：

（一）电子数据的收集、提取、保管的方法和过程是否规范；

（二）查询、勘验、扣押、调取、冻结等的法律手续是否齐全；

（三）勘验笔录、搜查笔录、提取笔录等取证记录是否完备；

（四）是否由符合法律规定的取证人员、见证人、持有人（提供人）参与，因客观原因没有见证人、持有人（提供人）签名或者盖章的，是否说明原因；

（五）是否按照有关规定进行同步录音录像；

（六）对于收集、提取的境外电子数据是否符合国(区)际司法协作及相关法律规定的要求。

第三十三条　对电子数据的关联性，注重审查以下内容：

（一）电子数据与案件事实之间的关联性；

（二）电子数据及其存储介质与案件当事人之间的关联性。

第三十四条　原始存储介质被扣押封存的，注重从以下方面审查扣押封存过程是否规范：

（一）是否记录原始存储介质的品牌、型号、容量、序列号、识别码、用户标识等外观信息，是否与实物一一对应；

（二）是否封存或者计算完整性校验值，封存前后是否拍摄被封存原始存储介质的照片，照片是否清晰反映封口或者张贴封条处的状况；

（三）是否由取证人员、见证人、持有人(提供人)签名或者盖章。

第三十五条　对原始存储介质制作数据镜像予以提取固定的，注重审查以下内容：

（一）是否记录原始存储介质的品牌、型号、容量、序列号、识别码、用户标识等外观信息，是否记录原始存储介质的存放位置、使用人、保管人；

（二）是否附有制作数据镜像的工具、方法、过程等必要信息；

（三）是否计算完整性校验值；

（四）是否由取证人员、见证人、持有人(提供人)签名或者盖章。

第三十六条　提取原始存储介质中的数据内容并予以固定的，注重审查以下内容：

（一）是否记录原始存储介质的品牌、型号、容量、序列号、识别码、用户标识等外观信息，是否记录原始存储介质的存放位置、使用人、保管人；

（二）所提取数据内容的原始存储路径，提取的工具、方法、过程等信息，是否一并提取相关的附属信息、关联痕迹、系统环境等信息；

（三）是否计算完整性校验值；

（四）是否由取证人员、见证人、持有人(提供人)签名或者盖章。

第三十七条　对于在线提取的电子数据，注重审查以下内容：

（一）是否记录反映电子数据来源的网络地址、存储路径或者数据提取时的进入步骤等；

（二）是否记录远程计算机信息系统的访问方式、电子数据的提取日期和时间、提取的工具、方法等信息，是否一并提取相关的附属信息、关联痕迹、系统环境等信息；

（三）是否计算完整性校验值；

（四）是否由取证人员、见证人、持有人（提供人）签名或者盖章。

对可能无法重复提取或者可能出现变化的电子数据，是否随案移送反映提取过程的拍照、录像、截屏等材料。

第三十八条 对冻结的电子数据，注重审查以下内容：

（一）冻结手续是否符合规定；

（二）冻结的电子数据是否与案件事实相关；

（三）冻结期限是否即将到期、有无必要继续冻结或者解除；

（四）冻结期间电子数据是否被增加、删除、修改等。

第三十九条 对调取的电子数据，注重审查以下内容：

（一）调取证据通知书是否注明所调取的电子数据的相关信息；

（二）被调取单位、个人是否在通知书回执上签名或者盖章；

（三）被调取单位、个人拒绝签名、盖章的，是否予以说明；

（四）是否计算完整性校验值或者以其他方法保证电子数据的完整性。

第四十条 对电子数据进行检查、侦查实验，注重审查以下内容：

（一）是否记录检查过程、检查结果和其他需要记录的内容，并由检查人员签名或者盖章；

（二）是否记录侦查实验的条件、过程和结果，并由参加侦查实验的人员签名或者盖章；

（三）检查、侦查实验使用的电子设备、网络环境等是否与发案现场一致或者基本一致；

（四）是否使用拍照、录像、录音、通信数据采集等一种或者多种方式客观记录检查、侦查实验过程。

第四十一条 对电子数据进行检验、鉴定，注重审查以下内容：

（一）鉴定主体的合法性。包括审查司法鉴定机构、司法鉴定人员的资质，委托鉴定事项是否符合司法鉴定机构的业务范围，鉴定人员是否存在回避等情形；

（二）鉴定材料的客观性。包括鉴定材料是否真实、完整、充分，取得方

式是否合法,是否与原始电子数据一致;

(三)鉴定方法的科学性。包括鉴定方法是否符合国家标准、行业标准,方法标准的选用是否符合相关规定;

(四)鉴定意见的完整性。是否包含委托人、委托时间、检材信息、鉴定或者分析论证过程、鉴定结果以及鉴定人签名、日期等内容;

(五)鉴定意见与其他在案证据能否相互印证。

对于鉴定机构以外的机构出具的检验、检测报告,可以参照本条规定进行审查。

第四十二条 行政机关在行政执法和查办案件过程中依法收集、提取的电子数据,人民检察院经审查符合法定要求的,可以作为刑事案件的证据使用。

第四十三条 电子数据的收集、提取程序有下列瑕疵,经补正或者作出合理解释的,可以采用;不能补正或者作出合理解释的,不得作为定案的根据:

(一)未以封存状态移送的;

(二)笔录或者清单上没有取证人员、见证人、持有人(提供人)签名或者盖章的;

(三)对电子数据的名称、类别、格式等注明不清的;

(四)有其他瑕疵的。

第四十四条 电子数据系篡改、伪造、无法确定真伪的,或者有其他无法保证电子数据客观、真实情形的,不得作为定案的根据。

电子数据有增加、删除、修改等情形,但经司法鉴定、当事人确认等方式确定与案件相关的重要数据未发生变化,或者能够还原电子数据原始状态、查清变化过程的,可以作为定案的根据。

第四十五条 对于无法直接展示的电子数据,人民检察院可以要求公安机关提供电子数据的内容、存储位置、附属信息、功能作用等情况的说明,随案移送人民法院。

第四章 出庭支持公诉

第四十六条 人民检察院依法提起公诉的网络犯罪案件,具有下列情形

之一的,可以建议人民法院召开庭前会议:

(一)案情疑难复杂的;

(二)跨国(边)境、跨区域案件社会影响重大的;

(三)犯罪嫌疑人、被害人等人数众多、证据材料较多的;

(四)控辩双方对电子数据合法性存在较大争议的;

(五)案件涉及技术手段专业性强,需要控辩双方提前交换意见的;

(六)其他有必要召开庭前会议的情形。

必要时,人民检察院可以向法庭申请指派检察技术人员或者聘请其他有专门知识的人参加庭前会议。

第四十七条 人民法院开庭审理网络犯罪案件,公诉人出示证据可以借助多媒体示证、动态演示等方式进行。必要时,可以向法庭申请指派检察技术人员或者聘请其他有专门知识的人进行相关技术操作,并就专门性问题发表意见。

公诉人在出示电子数据时,应当从以下方面进行说明:

(一)电子数据的来源、形成过程;

(二)电子数据所反映的犯罪手段、人员关系、资金流向、行为轨迹等案件事实;

(三)电子数据与被告人供述、被害人陈述、证人证言、物证、书证等的相互印证情况;

(四)其他应当说明的内容。

第四十八条 在法庭审理过程中,被告人及其辩护人针对电子数据的客观性、合法性、关联性提出辩解或者辩护意见的,公诉人可以围绕争议点从证据来源是否合法,提取、复制、制作过程是否规范,内容是否真实完整,与案件事实有无关联等方面,有针对性地予以答辩。

第四十九条 支持、推动人民法院开庭审判网络犯罪案件全程录音录像。对庭审全程录音录像资料,必要时人民检察院可以商请人民法院复制,并将存储介质附检察卷宗保存。

第五章 跨区域协作办案

第五十条 对跨区域网络犯罪案件,上级人民检察院应当加强统一指挥和统筹协调,相关人民检察院应当加强办案协作。

第五十一条 上级人民检察院根据办案需要,可以统一调用辖区内的检察人员参与办理网络犯罪案件。

第五十二条 办理关联网络犯罪案件的人民检察院可以相互申请查阅卷宗材料、法律文书,了解案件情况,被申请的人民检察院应当予以协助。

第五十三条 承办案件的人民检察院需要向办理关联网络犯罪案件的人民检察院调取证据材料的,可以持相关法律文书和证明文件申请调取在案证据材料,被申请的人民检察院应当配合。

第五十四条 承办案件的人民检察院需要异地调查取证的,可以将相关法律文书及证明文件传输至证据所在地的人民检察院,请其代为调查取证。相关法律文书应当注明具体的取证对象、方式、内容和期限等。

被请求协助的人民检察院应当予以协助,及时将取证结果送达承办案件的人民检察院;无法及时调取的,应当作出说明。被请求协助的人民检察院有异议的,可以与承办案件的人民检察院进行协商;无法解决的,由承办案件的人民检察院报请共同的上级人民检察院决定。

第五十五条 承办案件的人民检察院需要询问异地证人、被害人的,可以通过远程视频系统进行询问,证人、被害人所在地的人民检察院应当予以协助。远程询问的,应当对询问过程进行同步录音录像。

第六章　跨国(边)境司法协作

第五十六条 办理跨国网络犯罪案件应当依照《中华人民共和国国际刑事司法协助法》及我国批准加入的有关刑事司法协助条约,加强国际司法协作,维护我国主权、安全和社会公共利益,尊重协作国司法主权、坚持平等互惠原则,提升跨国司法协作质效。

第五十七条 地方人民检察院在案件办理中需要向外国请求刑事司法协助的,应当制作刑事司法协助请求书并附相关材料,经报最高人民检察院批准后,由我国与被请求国间司法协助条约规定的对外联系机关向外国提出申请。没有刑事司法协助条约的,通过外交途径联系。

第五十八条 人民检察院参加现场移交境外证据的检察人员不少于二人,外方有特殊要求的除外。

移交、开箱、封存、登记的情况应当制作笔录,由最高人民检察院或者承办案件的人民检察院代表、外方移交人员签名或者盖章,一般应当全程录音录像。有其他见证人的,在笔录中注明。

第五十九条 人民检察院对境外收集的证据,应当审查证据来源是否合法、手续是否齐备以及证据的移交、保管、转换等程序是否连续、规范。

第六十条 人民检察院办理涉香港特别行政区、澳门特别行政区、台湾地区的网络犯罪案件,需要当地有关部门协助的,可以参照本规定及其他相关规定执行。

第七章 附 则

第六十一条 人民检察院办理网络犯罪案件适用本规定,本规定没有规定的,适用其他相关规定。

第六十二条 本规定中下列用语的含义:

(一)信息网络,包括以计算机、电视机、固定电话机、移动电话机等电子设备为终端的计算机互联网、广播电视网、固定通信网、移动通信网等信息网络,以及局域网络;

(二)存储介质,是指具备数据存储功能的电子设备、硬盘、光盘、优盘、记忆棒、存储芯片等载体;

(三)完整性校验值,是指为防止电子数据被篡改或者破坏,使用散列算法等特定算法对电子数据进行计算,得出的用于校验数据完整性的数据值;

(四)数字签名,是指利用特定算法对电子数据进行计算,得出的用于验证电子数据来源和完整性的数据值;

(五)数字证书,是指包含数字签名并对电子数据来源、完整性进行认证的电子文件;

(六)生物识别信息,是指计算机利用人体所固有的生理特征(包括人脸、指纹、声纹、虹膜、DNA 等)或者行为特征(步态、击键习惯等)来进行个人身份识别的信息;

(七)运行脚本,是指使用一种特定的计算机编程语言,依据符合语法要求编写的执行指定操作的可执行文件;

(八)数据镜像,是指二进制(0101 排序的数据码流)相同的数据复制件,

与原件的内容无差别;

(九)MAC地址,是指计算机设备中网卡的唯一标识,每个网卡有且只有一个MAC地址。

第六十三条 人民检察院办理国家安全机关、海警机关、监狱等移送的网络犯罪案件,适用本规定和其他相关规定。

第六十四条 本规定由最高人民检察院负责解释。

第六十五条 本规定自发布之日起施行。

二、典 型 案 例

人民法院依法惩治电信网络诈骗犯罪及其关联犯罪典型案例[①]

一、被告人易扬锋、连志仁等三十八人诈骗、组织他人偷越国境、偷越国境、帮助信息网络犯罪活动、掩饰、隐瞒犯罪所得案

(一) 基本案情

被告人易扬锋在缅甸创建"远峰集团",采取公司化运作模式,编写话术剧本,开展业务培训,配备作案工具,制定奖惩制度,形成组织严密、结构完整的犯罪集团。易扬锋作为诈骗犯罪集团的"老板",组织、领导该集团实施跨国电信网络诈骗,纠集被告人连志仁加入该集团并逐步成为负责人,二人系诈骗集团的首要分子。被告人林炎兴担任主管,负责管理组长,进行业务培训指导;被告人闫斌、伏培杰、秦榛、黄仁权等人担任代理或组长,招募管理组员并督促、指导组员实施诈骗;被告人易肖锋为实施诈骗提供技术支持。2018 年 8 月至 2019 年 12 月,该集团先后招募、拉拢多名中国公民频繁偷越国境,往返我国和缅甸之间,用网络社交软件海量添加好友后,通过"杀猪盘"诈骗手段诈骗 81 名被害人钱财共计 1820 余万元。

[①] 《人民法院依法惩治电信网络诈骗犯罪及其关联犯罪典型案例》,载最高人民法院网 2022 年 9 月 6 日,https://www.court.gov.cn/zixun/xiangqing/371131.html。

（二）裁判结果

本案由江西省抚州市中级人民法院一审，江西省高级人民法院二审。现已发生法律效力。

法院认为，以被告人易扬锋、连志仁为首的犯罪集团以非法占有为目的，采取虚构事实、隐瞒真相的方法，骗取他人财物，数额特别巨大，其行为均已构成诈骗罪。易扬锋、连志仁还多次组织他人偷越国境，并偷越国境，其行为又构成组织他人偷越国境罪、偷越国境罪。易扬锋、连志仁系诈骗集团首要分子，按照集团所犯的全部罪行处罚。被告人林炎兴、闫斌、伏培杰、秦榛、黄仁权、易肖锋等人是诈骗集团的骨干分子，系主犯，按照其所参与的或组织指挥的全部犯罪处罚。根据各被告人的犯罪事实、犯罪性质、情节和社会危害程度，以诈骗罪、组织他人偷越国境罪、偷越国境罪判处被告人易扬锋无期徒刑，剥夺政治权利终身，并处没收个人全部财产。以诈骗罪、组织他人偷越国境罪、偷越国境罪判处被告人连志仁有期徒刑十六年，并处罚金人民币五十八万元；以诈骗罪、偷越国境罪等判处被告人林炎兴等主犯十三年二个月至十年二个月不等有期徒刑，并处罚金。

（三）典型意义

以被告人易扬锋、连志仁为首的电信网络诈骗犯罪集团，利用公司化运作模式实施诈骗，集团内部层级严密，分工明确，组织特征鲜明。该诈骗集团将作案窝点设在境外，从国内招募人员并组织偷越国境，对我境内居民大肆实施诈骗，被骗人数众多，涉案金额特别巨大。跨境电信网络诈骗犯罪集团社会危害性极大，系打击重点，对集团首要分子和骨干成员必须依法从严惩处。人民法院对该诈骗集团首要分子易扬锋、连志仁分别判处无期徒刑和有期徒刑十六年，对其余骨干成员均判处十年以上有期徒刑，充分体现了依法从严惩处的方针，最大限度彰显了刑罚的功效。

二、被告人罗欢、郑坦星等二十一人诈骗案

（一）基本案情

2018年以来，黄某某组织数百人在柬埔寨、蒙古等国实施跨境电信网络诈骗犯罪并形成犯罪集团，该诈骗集团设立业务、技术、后勤、后台服务等多

个部门。其中,业务部门负责寻找被害人,通过微信聊天等方式,诱骗被害人到虚假交易平台投资。后台服务部门接单后,通过制造行情下跌等方式骗取被害人钱款。该犯罪集团诈骗被害人钱财共计6亿余元。2019年3月至10月,被告人罗欢、王亚菲等19人先后加入该集团的后台服务部门,罗欢任后台服务部门负责人,负责全面工作;王亚菲系后台服务部门的骨干成员,负责安排代理和接单人员对接等工作;其余被告人分别负责钱款统计、客服、接单等工作。罗欢等人涉案诈骗金额1.7亿余元。被告人郑坦星、郑文2人系地下钱庄人员,明知罗欢等人实施诈骗,仍长期将银行卡提供给罗欢等人使用,并对罗欢等人诈骗钱款进行转移。

(二)裁判结果

本案由江苏省南通市通州区人民法院一审,江苏省南通市中级人民法院二审。现已发生法律效力。

法院认为,被告人罗欢等人明知犯罪集团组织实施电信网络诈骗犯罪,仍积极参加,诈骗数额特别巨大,其行为均已构成诈骗罪。根据各被告人的犯罪事实、犯罪性质、情节和社会危害程度,以诈骗罪判处被告人罗欢有期徒刑十五年,并处罚金人民币一百万元;以诈骗罪判处被告人王亚菲、郑坦星等人十二年至三年不等有期徒刑,并处罚金。

(三)典型意义

电信网络诈骗一般是长期设置窝点作案,有明确的组织、指挥者,骨干成员固定,结构严密,层级分明,各个环节分工明确,各司其职,衔接有序,多已形成犯罪集团,其中起组织、指挥作用的,依法认定为犯罪集团首要分子,其中起主要作用的骨干成员,包括各个环节的负责人,一般认定为主犯,按照其所参与或者组织、指挥的全部犯罪处罚。本案中,黄某某犯罪集团各部门之间分工明确,相互协作,共同完成电信网络诈骗犯罪,其中后台服务部门和地下钱庄均系犯罪链条上不可或缺的一环。人民法院对负责后台服务的负责人罗欢、骨干成员王亚菲、地下钱庄人员郑坦星依法认定为主犯,均判处十年以上有期徒刑,体现了对电信网络犯罪集团首要分子和骨干成员依法严惩的方针。

三、被告人施德善等十二人诈骗案

（一）基本案情

2019年3月至5月，被告人施德善指使并帮助被告人刘登等偷越国境到缅甸，搭建虚假期货投资平台，组建以被告人沈杰等为组长、被告人余强等为组员的电信诈骗团队，通过建立股票交流微信群方式，将多名被害人拉入群内开设直播间讲解股票、期货投资课程，骗取被害人信任后，冒用广州金控网络科技有限公司名义，以投资期货为由，诱骗被害人向虚假交易平台汇入资金，后关闭平台转移资金。该团伙诈骗被害群众29人钱款共计820余万元。案发后，被告人施德善、刘登等的亲属代为退赔76万余元。

（二）裁判结果

本案由山东省济南市市中区人民法院一审。现已发生法律效力。

法院认为，被告人施德善、刘登纠集沈杰等10人以非法占有为目的，采取虚构事实、隐瞒真相的方法，在境外通过网络手段向不特定多数人骗取财物，数额特别巨大，其行为均已构成诈骗罪。施德善、刘登在共同犯罪中系主犯。刘登具有自首情节并如实供述其所知晓的施德善控制的赃款下落，为公安机关提供了侦查线索，对刘登依法予以减轻处罚。施德善等人通过亲属或本人退缴部分或全部赃款，依法予以从轻处罚。根据各被告人的犯罪事实、犯罪性质、情节和社会危害程度，以诈骗罪判处被告人施德善有期徒刑十一年六个月，并处罚金人民币三十万元；以诈骗罪判处被告人刘登、沈杰、余强等人九年六个月至三年不等有期徒刑，并处罚金。

（三）典型意义

本案被告人施德善、刘登组织人员前往境外实施电信网络诈骗犯罪，骗取境内被害群众钱款800余万元。人民法院准确认定案件事实，彻查涉案赃款流向，与公安、检察机关协调配合，及时查扣、冻结涉案赃款463万余元，并灵活运用刑罚调整功能，鼓励被告人退赃退赔。在审判阶段，被告人施德善、刘登等人的亲属代为退赔部分赃款，人民法院按照比例发还各被害人，不足部分责令本案主犯继续退赔，本案从犯在各自分得赃款范围内承担连带退赔责任。全案共计挽回财产损失539余万元，追赃挽损率较高。人民法院在依法审判案件的同时,坚持司法为民和全力追赃挽损,鼓励被告人积极退赃退赔,及时返还被害人,最大限度挽回被害群众的经济损失,取得了良好的法律效果和社会效果。

四、被告人吴健成等五人诈骗案

(一)基本案情

2020年10月,被告人吴健成为非法牟利,伙同吴健东在抖音上私信被害人,在得知被害人系未成年人后,假称被害人中奖并要求添加QQ好友领奖,之后向被害人发送虚假的中奖转账截图,让被害人误认为已转账。当被害人反馈未收到转账时,吴健成等便要求被害人使用家长的手机,按其要求输入代码才能收到转账,诱骗被害人向其提供的银行卡或支付宝、微信账户转账、发红包,骗取被害人钱财。被告人邱精友、李秋华、吕开泽按照吴健成的安排,为吴健成提供银行卡、支付宝、微信账户,帮助收款、转款,并按照诈骗金额分成。2020年10月至2021年1月期间,吴健成等人共计骗取5名被害人(10周岁至11周岁之间)的钱财6万余元。

(二)裁判结果

本案由重庆市武隆区人民法院一审,重庆市第三中级人民法院二审。现已发生法律效力。

法院认为,被告人吴健成、吴健东以非法占有为目的,利用电信网络技术手段,虚构事实,骗取他人财物;被告人邱精友、李秋华、吕开泽明知他人实施电信网络犯罪,帮助接收、转移诈骗犯罪所得,五被告人的行为均已构成诈骗罪。被告人吴健成在共同犯罪中系主犯。吴健成等人对未成年人实施诈骗,酌情从重处罚。根据各被告人的犯罪事实、犯罪性质、情节和社会危害程度,以诈骗罪判处被告人吴健成有期徒刑三年六个月,并处罚金人民币三万五千元;以诈骗罪判处被告人吴健东等人二年四个月有期徒刑至三个月拘役,并处罚金。

(三)典型意义

本案被告人吴健成等人利用未成年人涉世未深、社会经验欠缺、容易轻信对方、易受威胁等特点实施诈骗,严重侵害未成年人合法权益,犯罪情节恶劣。"两高一部"《关于办理电信网络诈骗等刑事案件适用法律若干问题的意见》规定，诈骗残疾人、老年人、未成年人、在校学生、丧失劳动能力人的财物，或者诈骗重病患者及其亲属财物的，酌情从重处罚。人民法院对吴健成依法从重处罚，充分体现了人民法院坚决保护未成年人合法权益，严厉惩处针对未成年人犯罪的鲜明立场。

五、被告人黄浩等三人诈骗案

（一）基本案情

被告人黄浩、刘仁杰、许俊在湖北省武汉市成立"武汉以沫电子商务有限公司"，招聘业务员从事诈骗犯罪活动。三人分工配合共同完成诈骗，并按诈骗金额比例提成，同时还发展"代理公司"，提供诈骗话术、培训诈骗方法、提供各种技术支持和资金结算服务，并从"代理公司"诈骗金额中提成。该公司由业务员冒充美女主播等身份，按照统一的诈骗话术在网络社交平台诱骗被害人交友聊天，谎称送礼物得知被害人收货地址后，制造虚假发货信息以诱骗被害人在黄浩管理的微店购买商品回送业务员，微店收款后安排邮寄假名牌低价物品给被害人博取信任。之后，业务员再将被害人信息推送至刘仁杰等人负责的直播平台，按诈骗话术以直播打赏PK为由，诱骗被害人在直播平台充值打赏。2020年4月至9月，黄浩和刘仁杰诈骗涉案金额365.2万元，许俊诈骗涉案金额454.2万元。审判阶段许俊退缴赃款8.1万余元。

（二）裁判结果

本案由安徽省明光市人民法院一审。现已发生法律效力。

法院认为，被告人黄浩、刘仁杰、许俊以非法占有为目的，伙同他人利用电信网络实施诈骗，数额特别巨大，其行为均已构成诈骗罪。在共同犯罪中，黄浩、刘仁杰、许俊均系主犯。许俊自愿认罪认罚，积极退缴赃款，依法予以从轻处罚。根据各被告人的犯罪事实、犯罪性质、情节和对社会的危害程度，以诈骗罪分别判处被告人黄浩、刘仁杰有期徒刑十二年，并处罚金人民币十八万元；以诈骗罪判处被告人许俊有期徒刑十一年六个月，并处罚金人民币十五万元。

(三)典型意义

当前,电信网络诈骗的手法持续演变升级,犯罪分子紧跟社会热点,随时变化诈骗手法和"话术",令人防不胜防。本案被告人将传统的结婚交友类"杀猪盘"诈骗,与当下流行的网络购物、物流递送、直播打赏等相结合,多环节包装实施连环诈骗,迷惑性很强。希望广大网友提高警惕,不要轻信网络社交软件结识的陌生人,保护好个人信息,保持清醒,明辨是非,谨防上当受骗。

六、被告人赵明云等九人诈骗案

(一)基本案情

2019年6月至10月,被告人赵明云、杨智强等人出资组建诈骗团伙,先后招募郭松清、兰林峰担任团队组长,招募丁某某等多人为成员实施诈骗犯罪。该团伙通过社交软件聊天骗得被害人信任后,向被害人发送二维码链接,让被害人下载虚假投资软件,待被害人投资后,采取控制后台数据等方式让被害人"投资亏损",以此实施诈骗。同年9月5日,丁某某得知被害人赵某某拟进一步投资60余万元后,在电话中向赵某某坦承犯罪,提醒其停止投资、向平台申请退款并向公安机关报案。之后,丁某某自行脱离犯罪团伙。

(二)裁判结果

本案由江苏省南京市江宁区人民法院一审,南京市中级人民法院二审。现已发生法律效力。

一审法院认为,被告人赵明云、杨智强、丁某某等人以非法占有为目的,利用电信网络技术手段多次实施诈骗,数额特别巨大或巨大,其行为均已构成诈骗罪。在共同犯罪中,被告人赵明云、杨智强起主要作用,系主犯,应当按照其所参与或组织、指挥的全部犯罪处罚;被告人丁某某等人起次要作用,系从犯,依法可从轻或减轻处罚。以诈骗罪判处被告人赵明云、杨智强等人十年六个月至一年一个月不等有期徒刑,并处罚金;以诈骗罪判处被告人丁某某有期徒刑三年九个月,并处罚金。

宣判后,丁某某上诉提出,其主动提醒被害人并自行脱离犯罪团伙的行为构成自首、犯罪中止和立功,原审量刑过重,请求从轻处罚。

二审法院认为,根据相关法律规定,被告人丁某某预警行为不构成自首、犯罪中止和立功,但其预警行为客观上避免了被害人损失扩大,也使被害人得以挽回部分损失,对案件破获及经济挽损等方面起到积极作用,应得到法律的正面评价,结合丁某某大学刚毕业,加入诈骗团伙时间较短,自愿认罪并取得被害人谅解等情节,对丁某某依法予以减轻处罚并适用缓刑。据此,以诈骗罪改判丁某某有期徒刑二年六个月,缓刑三年,并处罚金人民币二万元。

(三)典型意义

电信网络诈骗犯罪的涉案人员在共同犯罪中的地位作用、行为的危害程度、主观恶性和人身危险性等方面有一定区别。人民法院对电信网络诈骗犯罪在坚持依法从严惩处的同时,也注重宽以济严,确保效果良好。本案被告人赵明云系从严惩处的对象,对诈骗团伙所犯全部罪行承担刑事责任。被告人丁某某刚刚进入社会,系初犯,参与犯罪时间较短,且在作案过程中主动向被害人坦承犯罪并示警,避免被害人损失进一步扩大,后主动脱离犯罪团伙,到案后真诚认罪悔罪,对于此类人员应坚持教育、感化、挽救方针,落实宽严相济刑事政策,用好认罪认罚从宽制度,彰显司法温度,进而增加社会和谐因素。

七、被告人邓强辉等六人诈骗、侵犯公民个人信息案

(一)基本案情

2018年5、6月份,被告人邓强辉、林松明共谋采用"猜猜我是谁"的方式骗取他人钱财。二人共同出资,邓强辉购买手机、电话卡等作案工具,纠集被告人陈锣、张万坤等人,利用邓强辉购买的涉及姓名、电话、住址等内容的公民个人信息,拨打诈骗电话,让被害人猜测自己的身份,当被害人误以为系自己的某个熟人后,被告人即冒充该熟人身份,编造理由让被害人转账。2018年6月至8月,邓强辉等人采用此种方式大量拨打诈骗电话,骗取被害人罗某某等五人共计39.2万元。案发后,从邓强辉处查获其购买的公民个人信息39482条。

(二) 裁判结果

本案由四川省泸州市纳溪区人民法院一审,泸州市中级人民法院二审。现已发生法律效力。

法院认为,被告人邓强辉、林松明等人以非法占有为目的,虚构事实,隐瞒真相,采用冒充熟人拨打电话的手段骗取他人财物,其行为均已构成诈骗罪;被告人邓强辉非法获取公民个人信息,情节严重,其行为还构成侵犯公民个人信息罪,依法应当数罪并罚。在共同犯罪中,邓强辉、林松明等人均系主犯。根据各被告人的犯罪事实、犯罪性质、情节和社会危害程度,以诈骗罪、侵犯公民个人信息罪判处被告人邓强辉有期徒刑九年六个月,并处罚金人民币六万五千元;以诈骗罪判处被告人林松明等人七年至二年不等有期徒刑,并处罚金。

(三) 典型意义

本案被告人借助非法获取的公民个人信息,拨打诈骗电话,通过准确说出被害人个人信息的骗术,骗得被害人信任,实施精准诈骗。侵犯公民个人信息系电信网络诈骗的上游关联犯罪,二者合流后,使得电信网络诈骗犯罪更易得逞,社会危害性更重。"两高一部"《关于办理电信网络诈骗等刑事案件适用法律若干问题的意见》规定,使用非法获取的公民个人信息,实施电信网络诈骗犯罪,构成数罪的,应依法数罪并罚。法院对被告人邓强辉以诈骗罪和侵犯公民个人信息罪予以并罚,是从严惩处、全面惩处电信网络诈骗犯罪及其关联犯罪的具体体现。

八、被告人陈凌等五人侵犯公民个人信息案

(一) 基本案情

被告人陈凌任职的广东海越信息科技有限公司(以下简称"广东海越公司")与中国联合网络通信有限公司韶关分公司(以下简称"中国联通韶关分公司")签订服务协议,由广东海越公司负责中国联通韶关分公司的线上订单交付服务。2019年11月至2021年4月期间,陈凌利用担任广东海越公司电话卡配送员、配送组长、片区主管的职务便利,先后招揽被告人李武剑、左俊、梁业俊、曾嘉明等人,在向手机卡用户交付手机卡过程中,未经用户同意,

擅自获取用户的实名制手机号码和验证码,出售给他人用于注册微信、京东、抖音等账号,其中一张手机号码注册微信账号后被用于实施电信网络诈骗,骗取被害人廖某某10万元。被告人陈凌等人涉案非法所得20.1万余元至1.5万余元不等。

(二)裁判结果

本案由广东省江门市新会区人民法院一审。现已发生法律效力。

法院认为,被告人陈凌、梁业俊、曾嘉明、左俊违反国家有关规定,向他人出售或者提供公民个人信息,情节特别严重,被告人李武剑违反国家有关规定,向他人出售或者提供公民个人信息,情节严重,其行为均已构成侵犯公民个人信息罪。被告人陈凌等人将在提供服务过程中获取的公民个人信息出售和提供给他人,依法应当从重处罚。鉴于各被告人自愿认罪,积极退赃,依法可予以从轻处罚。根据各被告人的犯罪事实、犯罪性质、情节和社会危害程度,以侵犯公民个人信息罪分别判处被告人陈凌、梁业俊、曾嘉明有期徒刑三年九个月,并处罚金;判处被告人左俊有期徒刑三年,缓刑三年,并处罚金;判处被告人李武剑有期徒刑一年六个月,缓刑一年六个月,并处罚金。

(三)典型意义

被告人陈凌等人作为通信企业从业人员,利用职务便利,未经用户同意,擅自获取用户的实名制手机号码和验证码,非法出售给他人用于注册微信、抖音等账号,牟取非法利益,且其中一套手机号码和验证码注册的微信被诈骗分子利用,导致被害人廖某某被骗走巨款。为加大对公民个人信息的保护力度,最高人民法院、最高人民检察院制定出台的《关于办理侵犯公民个人信息刑事案件适用法律问题的解释》,将在履行职责或者提供服务过程中获得的公民个人信息出售或者提供给他人的,入罪的数量、数额标准减半计算。依法对被告人陈凌等行业"内鬼"从重处罚,充分体现了人民法院坚决保护公民个人信息安全的态度,也是对相关行业从业人员的警示教育。

九、被告人隆玖柒帮助信息网络犯罪活动案

(一)基本案情

2021年4月,被告人隆玖柒通过微信与他人联系,明知对方系用于实施

信息网络犯罪,仍商定以每张每月100元的价格将自己的银行卡出租给对方使用。之后,隆玖柒将其办理的9张银行卡的账号、密码等信息提供给对方,其中6张银行卡被对方用于接收电信网络诈骗等犯罪资金,隆玖柒获利共计5000余元。

(二)裁判结果

本案由重庆市丰都县人民法院一审。现已发生法律效力。

法院认为,被告人隆玖柒明知他人利用信息网络实施犯罪,为他人提供帮助,其行为已构成帮助信息网络犯罪活动罪。隆玖柒经公安人员电话通知到案,如实供述自己的罪行,构成自首,且自愿认罪认罚并积极退赃,依法予以从轻处罚。根据被告人的犯罪事实、犯罪性质、情节和社会危害程度,以帮助信息网络犯罪活动罪判处被告人隆玖柒有期徒刑一年十个月,并处罚金人民币四千元。

(三)典型意义

非法交易银行卡、手机卡即"两卡"现象泛滥,大量"两卡"被用于犯罪,是电信网络诈骗犯罪持续高发多发的重要推手之一。加强对电信网络诈骗犯罪的源头治理,必须依法打击涉"两卡"犯罪。"两高一部"《关于办理电信网络诈骗等刑事案件适用法律若干问题的意见(二)》规定,为他人利用信息网络实施犯罪而收购、出售、出租信用卡(银行账户、非银行支付账户、具有支付结算功能的互联网账号密码、网络支付接口、网上银行数字证书)5张(个)以上,或者手机卡(流量卡、物联网卡)20张以上的,以帮助信息网络犯罪活动罪追究刑事责任。本案准确适用这一规定,对被告人隆玖柒依法定罪处罚。本案警示大家,千万不要因贪图蝇头小利而触犯法律底线,以免给自己和家人造成无可挽回的后果。

十、被告人薛双帮助信息网络犯罪活动案

(一)基本案情

2020年9月初,被告人薛双从淘宝上以13000元的价格购买了一套"多卡宝"设备,并通过其亲朋办理或购买电话卡26张。后薛双通过聊天软件联系他人租用"多卡宝"设备,并约定租金和支付渠道。2020年9月8日至11

日,薛双先后在湖北省襄阳市襄城区、樊城区等地架设"多卡宝"设备供他人拨打网络电话,非法获利28310元。不法分子利用薛双架设的"多卡宝"设备,实施电信网络诈骗犯罪6起,诈骗财物共计16万余元。

(二)裁判结果

本案由湖北省老河口市人民法院一审。现已发生法律效力。

法院认为,被告人薛双明知他人利用信息网络实施犯罪,为他人犯罪提供通讯传输等技术支持和帮助,情节严重,其行为已构成帮助信息网络犯罪活动罪。薛双到案后自愿认罪认罚,并退赔全部违法所得,依法予以从轻处罚。根据被告人的犯罪事实、犯罪性质、情节和社会危害程度,以帮助信息网络犯罪活动罪判处被告人薛双有期徒刑九个月,并处罚金人民币五千元。

(三)典型意义

由于电信网络诈骗犯罪的分工日益精细化,催生了大量为不法分子实施诈骗提供帮助并从中获利的黑灰产业,此类黑灰产业又反向作用,成为电信网络诈骗犯罪多发高发的重要推手。打击电信网络诈骗犯罪,必须依法惩处其上下游关联犯罪,斩断电信网络诈骗犯罪的帮助链条,铲除其赖以滋生的土壤,实现打击治理同步推进。"两高一部"《关于办理电信网络诈骗等刑事案件适用法律若干问题的意见》和《关于办理电信网络诈骗等刑事案件适用法律若干问题的意见(二)》对于惩处电信网络诈骗犯罪的关联犯罪作出了明确规定。本案中,被告人薛双为电信网络诈骗犯罪提供技术支持,对其以帮助信息网络犯罪活动罪定罪处罚,体现了人民法院全面惩处电信网络诈骗关联犯罪的立场。

依法惩治跨境电信网络诈骗及其关联犯罪典型案例[①]

案例一 梁某等人跨境电信网络诈骗案

【基本案情】

2020年2月至9月,梁某伙同何某华(另案处理)等人,在缅甸木姐地区设立诈骗窝点,招揽电信网络诈骗等犯罪团伙入驻,对各犯罪团伙进行管理,向犯罪团伙收取房租、水、电等"物业"费用,提供公民个人信息、短信群发技术设备,并帮助联系"洗钱"团伙,以此获取巨额非法利益。期间,王某(另案处理)带领诈骗团队进入梁某管理的诈骗窝点,指使黄某某(另案处理)等人搭建虚假的"安逸花"贷款APP平台服务器,林某使用短信群发技术将含有虚假"安逸花"贷款APP链接的短信向国内电信用户大量发送。李某雨、王某辉等人在王某等人的组织安排下,通过"QQ"语音电话和国内被害人联系,冒充贷款平台客服人员骗取被害人信任,以办理贷款名义诱导被害人交纳认证金、解冻费,骗取被害人资金。经查,该诈骗集团采用上述手法共计诈骗1400余名被害人人民币近6000万元。

另查明,梁某、王某等人通过"泰达币"交易进行"洗钱",将诈骗赃款转移至国内,梁某富、王某林等人事先与梁某、王某等人通谋,明知系电信网络诈骗犯罪所得而通过转账、收取现金等方式帮助转移。梁某洪、王某洪、桂某等人作为梁某、王某、何某华亲属,明知相关人员转送的现金等财物系电信诈骗犯罪所得而予以接收、藏匿。案发后,公安机关共查扣现金、黄金、基金等

[①] 《依法惩治跨境电信网络诈骗及其关联犯罪典型案例》,载最高人民法院网2024年7月26日,https://www.court.gov.cn/zixun/xiangqing/439351.html。

财物折合人民币近6000万元。

2020年9月中旬,梁某等三人结伙,与缅北地区偷渡团伙"蛇头"联系,通过缅甸村寨接抵的边境地区,经隐蔽路线偷越国境进入云南瑞丽。

【诉讼过程】

2020年8月14日,山西省太原市公安局晋源分局对本案立案侦查。2021年3月17日,太原市公安局晋源分局将梁某等人移送晋源区人民检察院审查起诉,晋源区人民检察院将该案报送至太原市人民检察院。2021年7月13日,太原市人民检察院对梁某等23人以诈骗罪、偷越国(边)境罪、掩饰、隐瞒犯罪所得、犯罪所得收益罪提起公诉。

2021年12月15日,太原市中级人民法院经依法审理,以诈骗罪、偷越国(边)境罪判处首要分子梁某无期徒刑,剥夺政治权利终身,并处没收个人全部财产;以诈骗罪判处林某、梁某富、王某林等8名犯罪集团骨干成员十四年五个月至十一年不等的有期徒刑,并处人民币一百零五万元至三十万元不等的罚金;以诈骗罪判处李某雨、王某辉等7名一般参加者七年四个月至一年九个月不等的有期徒刑,并处人民币十一万元至一万三千元不等的罚金;以掩饰、隐瞒犯罪所得、犯罪所得收益罪判处梁某洪、王某洪、桂某等7名境内转移诈骗犯罪所得及收益人员六年三个月至三年不等的有期徒刑,并处人民币五十万元至十万元不等的罚金;依法及时返还被害人损失。部分被告人上诉后,二审维持原判。

【典型意义】

1. 依法从重打击跨境电信网络诈骗犯罪集团及其首要分子、幕后"金主"。近年来,境外电诈组织呈现出新形态,犯罪分子在境外设立诈骗窝点,表面上不直接实施诈骗,但通过招募诈骗团伙或人员,为诈骗团伙提供犯罪场所、条件保障、武装庇护、人员管理等服务,对犯罪团伙及成员实施管理控制,逐步形成较稳定的大型犯罪集团,并通过抽成分红或者收取相关费用等方式巨额敛财,大肆实施诈骗活动,严重侵犯人民群众生命财产安全,社会危害极大。对跨境电信网络诈骗集团及其首要分子、幕后"金主",要用足用好法律武器,持续保持高压严惩态势,形成有力震慑。既要依法从严适用自由刑,彰显"零容忍"立场,又要加大财产刑适用力度,最大限度剥夺其再犯能力。对于诈骗数额特别巨大、犯罪情节特别严重的,依法"顶格"判处无期徒刑,并处没收个人全部财产。

2.依法严惩为跨境电信网络诈骗犯罪提供境内资产转移帮助的人员,最大范围查扣犯罪分子诈骗所得及转化收益。办案机关应当全力查清犯罪集团的财产状况及犯罪所得资金流向,及时准确查封、扣押、冻结相关资产,最大限度追赃挽损。对于境内协助转移、窝藏犯罪所得及转化收益的人员,应当结合其主观明知情况、参与犯罪程度,以诈骗罪共犯或掩饰、隐瞒犯罪所得、犯罪所得收益罪依法追究其刑事责任。

案例二　葛某等人跨境电信网络诈骗案

【基本案情】

2019年至2020年间,以赵某、张某(均另案处理)等人为首的诈骗犯罪集团,在国内招募400余人赴柬埔寨实施诈骗。葛某作为犯罪集团的"团队老板"(属犯罪集团中第二层级),出资并招募大量人员组成业务团队,刘某、李某等人担任"团队长"等职务,组织、指挥业务员实施诈骗。诈骗集团以小组为单位,在小组微信群内实施"多对一"精准诈骗。业务员使用该集团统一发放的手机和微信号组建微信群,再由引流团队以免费授课、推荐股票等虚假宣传诱骗被害人入群,继而由业务团队通过控制的多个微信号在微信群分别扮演"讲师""群内助理""普通股民"等角色,由"讲师"进行"炒股授课","普通股民"按照话术发言、发截图,鼓吹"讲师"炒股水平,诱导被害人到该集团控制的虚假股票投资平台投资炒股。被害人投入钱款后,该集团通过后台控制涨跌,让被害人误以为"投资"升值并可随时提现,进而加大投入,后该集团通过限制提现、关闭平台等方式将被害人钱款占为己有。经查,犯罪集团骗取500余名被害人共计人民币1.5亿余元。

【诉讼过程】

本案系最高检、公安部联合挂牌督办的特大跨境电信网络诈骗案。2020年12月30日,浙江省金华市公安局对本案立案侦查。2021年7月至2023年11月,金华市公安机关以葛某等人涉嫌诈骗罪向金华市检察机关移送审查起诉。金华市两级检察机关于2021年10月至2024年3月以葛某等人涉嫌诈骗罪分别提起公诉。

2021年12月至2024年5月,金华市两级法院以诈骗罪判处团队老板葛某无期徒刑,剥夺政治权利终身,并处没收个人全部财产;判处团队长刘某、李某等10人十四年至十年三个月不等的有期徒刑,并处罚金;另有团队总监、团队经理、组长、业务员379人被判处三年以上有期徒刑,并处罚金。部分被告人上诉后,二审维持原判。

【典型意义】

依法严惩跨境电信网络诈骗犯罪集团的骨干成员和积极参加者。近年来,跨境电信网络诈骗犯罪集团呈现规模化、集团化等新特点,部分犯罪分子受到境外犯罪集团招募,出境赴电诈窝点,在犯罪集团管理和庇护下,组建电诈集团,大肆实施诈骗活动,严重侵害人民群众财产权益,社会危害性极大。对犯罪集团首要分子以外的对集团犯罪起关键作用,诈骗数额特别巨大的其他主犯、骨干成员、积极参加者,应当依法从严惩处。诈骗数额特别巨大、情节特别严重的,可以依法判处无期徒刑,并处没收个人全部财产。

案例三 李某某等人跨境电信网络诈骗案

【基本案情】

2018年,李某某偷渡出境至缅甸承租场地用于实施电信网络诈骗,并伙同"洗钱"团伙转移诈骗赃款。2019年下半年,李某某出资将缅甸南邓胶林宾馆改造成集诈骗工作室、通讯网络连接、安保食宿为一体的诈骗窝点,招募饶某某等1000余名诈骗人员在窝点实施电信网络诈骗,逐渐发展形成以李某某为首要分子,廖某某、林某某等人为骨干成员的电信网络诈骗犯罪集团。该犯罪集团以"杀猪盘"、虚假投资理财、虚假刷单等方式对我国境内公民实施电信网络诈骗,共计诈骗700余名被害人人民币9800余万元。

李某某还将胶林宾馆部分场地出租给其他诈骗团伙,提供生活食宿、安全保障、技术支持等服务,并成立"卡部"帮助转移诈骗犯罪所得。以李某某为首的犯罪集团累计收取其他诈骗团伙租金人民币3000万余元。

【诉讼过程】

本案为最高检、公安部联合挂牌督办的特大跨境电信网络诈骗案。2021年6月至2021年9月,福建省龙岩市公安机关陆续对李某某等人跨境电信网络诈骗系列案立案侦查。2022年2月至2024年3月,龙岩市公安机关以李某某、廖某某、林某某等122人涉嫌诈骗罪、组织他人偷越国(边)境罪、偷越国(边)境罪等移送龙岩市检察机关审查起诉。2022年3月至2024年4月,龙岩市检察机关先后以李某某、廖某某、林某某等122人犯诈骗罪、组织他人偷越国(边)境罪、偷越国(边)境罪、掩饰、隐瞒犯罪所得罪、帮助信息网络犯罪活动罪等提起公诉,并对李某某等"金主"、骨干成员提出从严惩处的量刑建议。对于在胶林宾馆"卡部"内帮助转移诈骗犯罪所得收益的傅某某等10余名被告人,检察机关以诈骗罪、偷越国(边)境罪等提起公诉。

2022年4月至2024年5月,龙岩市审判机关经依法审理,对犯罪集团"金主"李某某以诈骗罪、组织他人偷越国(边)境罪等判处有期徒刑十八年,并处人民币八百五十五万元的罚金;对廖某某、林某某等9名骨干成员判处八年八个月至三年二个月不等的有期徒刑,并处人民币五百一十三万元至十万元不等的罚金;对饶某某等112名一般参与人员以诈骗罪、偷越国(边)境罪、掩饰、隐瞒犯罪所得罪、帮助信息网络犯罪活动罪等判处七年至七个月不等的有期徒刑,并处人民币五百五十万元至五千元不等的罚金。对在胶林宾馆"卡部"实施犯罪的傅某某等10余名被告人以诈骗罪、偷越国(边)境罪判处七年至三年六个月不等的有期徒刑,并处人民币六十万元至五万元不等的罚金。

司法机关协同配合,坚持将追赃挽损贯穿刑事诉讼全过程。公安机关扣押涉案现金及大量房、车、黄金、名贵表、虚拟货币等价值人民币近2亿元;检察机关督促各被告人退赃退赔人民币362万余元;审判机关加大罚金刑适用力度,已判决案件适用罚金刑总额达人民币5167万余元。对于被告人诈骗所得财物,依法判决返还被害人。

【典型意义】

依法从严认定跨境电信网络诈骗集团犯罪数额,加大涉案财物追缴和财产刑适用力度,坚决"打财断血"。有的犯罪分子既自行组建电诈团伙实施诈骗,又向其他电诈团伙提供犯罪场地、通讯网络、安保食宿等服务保障。对此,要依法从严认定诈骗金额,既应包括本团伙的诈骗金额,也应包括其提供服务保障的其他诈骗团伙诈骗金额。其他诈骗团伙的诈骗金额难以具体查证的,可以根据该犯罪团伙从其服务保障的犯罪团伙抽成分红或者收取费用的数额和方式折算;无法折算的,抽成分红或者收取费用的数额可以认定为犯罪数额。要加大追赃挽损力度,依法及时甄别财产性质,准确查扣冻结涉案财产,特别是隐蔽资产。对电信网络诈骗资金已通过消费等转化为房、车、黄金、名贵表、虚拟货币的，应注意审查甄别购买上述资产的资金来源，防止犯罪分子通过消费等方式"洗白"犯罪所得。办案机关要充分运用宽严相济刑事政策引导在案人员主动退赃退赔，全力挽回被害人损失。依法加大财产刑适用力度，真正实现"打财断血"，合力斩断跨境电信网络诈骗犯罪资金转移链条，铲除电诈犯罪赖以滋生蔓延的经济土壤。

案例四　曾某某、郭某某等人跨境电信网络诈骗案

【基本案情】

2020年4月至9月，曾某某、郭某某为实施跨境电信网络诈骗，安排周某某先行偷渡到缅甸木姐寻找诈骗窝点，后雇佣李某等人为诈骗业务小组组长，纠集50余人先后偷渡至缅甸木姐诈骗窝点，逐渐形成以曾某某、郭某某为首要分子，周某某等人为骨干成员，李某、贺某等人为积极参加者，李某强、毛某志等其余业务员为一般成员的诈骗犯罪集团。该诈骗犯罪集团利用手机微信添加境内被害人为好友，以虚构人设聊天养号，培养感情，后向被害人介绍虚假投资平台"星汇"APP，以高额返利引诱被害人投资，博得被害人信任，从而诱骗被害人加大投资金额，后通过将平台关闭等方式将被害人钱款占为己有，共计诈骗人民币1500余万元。2020年5月，毛某志等部分一般成员离开该窝点回国，未再从事电信网络诈骗。

2020年11月至2021年3月，李某伙同毛某纠集20余人偷越国境至缅甸木姐进行诈骗活动，并逐渐形成以李某、毛某为首要分子的电信诈骗犯罪集团。该犯罪集团采用相同诈骗手法，诈骗境内被害人100余名，诈骗金额共计人民币200余万元。

【诉讼过程】

本案系最高检、公安部联合挂牌督办的特大跨境电信网络诈骗案。2021年8月7日，湖南省涟源市公安局对本案立案侦查。2022年5月16日，涟源市公安局将曾某某、郭某某等24人移送涟源市人民检察院审查起诉。2022年6月16日，涟源市人民检察院以诈骗罪、组织他人偷越国（边）境罪、偷越国（边）境罪等对曾某某、郭某某等人提起公诉，并对曾某某、郭某某、李某、毛某等人提出依法从严惩处的量刑建议。对于毛某志等偷越国（边）境至诈

骗窝点,前期在诈骗窝点实施聊天养号等行为,后离开诈骗窝点的人员,以诈骗罪、偷越国(边)境罪提起公诉。

2023年3月17日,涟源市人民法院经依法审理,以诈骗罪、组织他人偷越国(边)境罪判处犯罪集团首要分子曾某某、郭某某、李某、毛某十八年六个月至十四年十个月不等的有期徒刑,并处人民币六十万元至四十万不等的罚金;以诈骗罪、组织他人偷越国(边)境罪、偷越国(边)境罪判处犯罪集团骨干成员、积极参加者周某某、贺某等人十三年至十年六个月不等的有期徒刑,并处人民币三十万元至二十一万元不等的罚金;以诈骗罪、偷越国(边)境罪判处李某强、毛某志等17名一般参加者八年三个月至一年二个月不等的有期徒刑,并处人民币七万元至二万五千元不等的罚金。部分被告人上诉后,二审维持原判。

【典型意义】

依法严惩赴境外窝点实施诈骗的犯罪分子。随着国内电信网络诈骗犯罪打击力度加大,境内大批诈骗窝点向境外转移。部分境内人员在"高薪报酬"诱惑下,赴境外窝点实施电信网络诈骗犯罪,对此应予依法严惩。鉴于电信网络诈骗犯罪链条长、环节多,各行为人分工配合完成犯罪,故行为人辩称其仅实施广告推广、聊天引流等行为,未直接实施诈骗行为的,不影响诈骗罪的认定。有的行为人参加境外诈骗团伙,后离开诈骗窝点的,行为人应当对其参与实施犯罪期间犯罪集团犯罪数额承担刑事责任。对在案证据无法查明行为人具体诈骗数额,亦无法查明其参与犯罪期间诈骗集团诈骗数额,但行为人一年内出境赴境外犯罪窝点累计时间达到30日以上或者多次出境赴境外犯罪窝点的,可依法以诈骗罪追究其刑事责任。

案例五 刘某某等人跨境电信网络诈骗案

【基本案情】

2019年7月至2021年5月,江某某(另案处理)为牟取非法利益,先后在缅甸孟波、柬埔寨马德旺及金边、菲律宾马尼拉、湖南省汨罗市等地出资租赁场所、招募人员利用虚假投资平台实施电信网络诈骗。该诈骗团伙下设团队长、组长、业务员等层级,并有专门后勤安保人员,诈骗分期进行,每期约为

2个月。现已查明，该犯罪团伙9名团队长先后组织212人参与诈骗，每名团队长组织诈骗1至6期不等。其中，刘某某、张某某等9人为团队长，负责对团队成员分组、任命组长，安排具体工作、统计业绩并分配犯罪所得，对接后勤保障等，按照团队诈骗金额1%提成，涉及被害人3800余名，诈骗金额合计人民币2.7亿余元。文某某、钟某某等13人为组长，负责提供话术，管理、指导业务员实施诈骗，按照本组诈骗金额2%提成；李某某、王某某等192人为业务员，负责在微信交流群、直播间等平台讲解股票、虚拟币等知识，诱导被害人至虚假的MT4、中原证券等平台投资股票、虚拟币等，并采取控制平台涨幅给予小额提现的方式不断诱骗被害人投资以骗取钱财，按照本组诈骗金额1%至10%提成；邢某某、梁某某等后勤安保人员7人，负责维护诈骗场所秩序、接送业务员、保障食宿、采买家具、电脑、电话卡，维护网络和电脑等。

【诉讼过程】

本案系公安部、最高人民检察院联合挂牌督办的特大跨境电信网络诈骗犯罪案。2020年11月4日，重庆市公安局巴南区分局立案侦查。2022年7月至2024年1月，巴南区分局陆续以刘某某等人涉嫌诈骗、偷越国（边）境等罪名向巴南区人民检察院移送审查起诉。2022年6月至2024年2月，巴南区人民检察院将刘某某等人以涉嫌诈骗、组织他人偷越国（边）境、偷越国（边）境等罪名提起公诉，并对刘某某、张某某等犯罪集团骨干成员提出从严惩处的量刑建议。

2022年7月至2024年3月，巴南区人民法院经依法审理，以诈骗罪判处团队长刘某某、张某某等人十三年至十年不等的有期徒刑，并处人民币四十八万元至三十万元不等的罚金；以诈骗罪、组织他人偷越国（边）境罪等判处组长文某某、钟某某等人八年至七年不等的有期徒刑，分别并处罚金人民币七万余元；以诈骗罪、偷越国（边）境罪判处业务员李某某、王某某等人四年至二年不等的有期徒刑，并处人民币四万元至二万元不等的罚金；以诈骗罪判处后勤安保人员邢某某、梁某某等人三年六个月至二年九个月不等的有期徒刑，并处人民币三万六千元至二万八千五百元不等的罚金。

办案机关协同配合，查明在逃的江某某等犯罪团伙"金主"，及江某某采取购买虚拟币、黄金、他人代持股份、基金等方式将诈骗资金"合法化"的事实，遂依法及时冻结、追缴涉诈资金、扣押涉案财物价值人民币1.35亿余元。

部分被告人上诉后,二审维持原判。

【典型意义】

依法准确惩治在境外电诈窝点从事服务工作的犯罪分子。随着境外电诈犯罪集团逐渐规模化、公司化、园区化,参与实施诈骗人员不断增多,在诈骗窝点中从事秩序管理、技术保障、生活服务等人员也随之增多,为犯罪集团日常运转、实施诈骗活动提供重要支撑,其行为同样具有社会危害性。对于从事服务保障工作的人员,要准确甄别、区别对待,该严则严、当宽则宽。对跨境电信网络诈骗窝点中提供餐饮住宿、保安物业、技术保障等服务的人员,在案证据能够证明其主观明知系为诈骗窝点提供服务,仍在较长时间内持续提供生活服务、技术保障,且提供的服务保障对诈骗犯罪集团组织管理、秩序维护、诈骗实施起到重要支持促进作用的,应当认定为诈骗罪共犯。对进入诈骗犯罪窝点时间短,从事一般服务性、劳务性工作的厨师、保洁等一般工作人员,未获取明显高于其所从事劳务活动的正常报酬,其行为对实施诈骗所起作用不大的,可以认定为情节显著轻微,危害不大,不认为是犯罪。

案例六 王某等人跨境电信网络诈骗案

【基本案情】

2019年初,王某、谢某、闵某甲、闵某乙、闵某丙、闵某丁在国内共谋,商定合伙在缅北组建电诈窝点,实施电信网络诈骗活动。2019年5月12日,闵某甲指使闵某丙、闵某丁纠集苏某等7人从湖北省武汉市飞至云南省西双版纳,联系"蛇头"偷渡至缅甸勐拉市,在东方侧楼组建电信诈骗犯罪集团。该犯罪集团以"荐股"的方式骗得被害人信任,后将被害人引流至"益群国际"虚假平台炒期货,通过老师号、助理号、水军号等微信号相互配合,共同诱骗被害人在该虚假平台投资,恶意造成被害人在平台账户内的资金持续亏损,最后关闭平台骗取被害人在平台账户内的剩余资金。截至2019年7月下旬,共骗取我国境内18名投资者共计人民币1020余万元。其中,王某、闵某甲系幕后组织者、出资者,负责招募管理人员、技术人员等,组织境内外人员对接实施诈骗活动;谢某、闵某乙在国内成立引流公司,由胡某协助共同寻找股民并引流至虚假投资平台;闵某丙作为后勤主管,负责窝点的后勤保障工作,闵某丁作为技术主管,负责为电信网络诈骗提供技术保障等事宜;另有苏某等7人系业务员,负责实施具体诈骗活动。

【诉讼过程】

2019年8月8日,江苏省昆山市公安局对本案立案侦查。2019年11月至2020年5月,公安机关以闵某甲、闵某丙等10人涉嫌诈骗罪、组织他人偷越国(边)境罪等移送审查起诉。2020年4月至2020年6月,昆山市人民检察院经审查后追加认定7笔诈骗事实,追加认定诈骗数额人民币50余万元,全案犯罪数额追加认定至人民币1020余万元,先后以诈骗罪、组织他人偷越国(边)境罪对闵某甲等10人提起公诉。2022年7月,昆山市人民检察院经审查认为王某、谢某、闵某乙3名诈骗集团幕后"金主"涉嫌犯罪,遂决定追加逮捕。同年9月,公安机关以王某、谢某、闵某乙等人涉嫌诈骗罪、偷越国(边)境罪移送审查起诉。同年9月,昆山市人民检察院以王某、谢某、闵某乙等人涉嫌诈骗罪、偷越国(边)境罪提起公诉,并对幕后"金主"、骨干成员等提出从严惩处的量刑建议。

2021年2月至2022年12月,昆山市人民法院经依法审理,先后以诈骗罪、组织他人偷越国(边)境罪判处"金主"闵某甲有期徒刑十四年,并处罚金人民币二十六万元;以诈骗罪、偷越国(边)境罪判处"金主"王某有期徒刑十三年三个月,并处罚金人民币三十一万元;以诈骗罪、组织他人偷越国(边)境罪分别判处后勤主管闵某丙、诈骗窝点技术主管闵某丁有期徒刑十一年,并处罚金人民币二十一万元;以诈骗罪分别判处境内引流人员组织者谢某、闵某乙有期徒刑十年,并处罚金人民币二十万元;以诈骗罪判处境内协助引流人员胡某有期徒刑八年,并处罚金人民币十五万元;以诈骗罪判处境外实施电信网络诈骗行为的苏某等其他7名人员七年至五年六个月不等的有期徒刑,并处罚金。现判决已生效。

【典型意义】

深挖彻查跨境电信网络诈骗犯罪,依法追捕追诉幕后"金主"和实际控制人,确保打深打透。跨境电信网络诈骗犯罪呈现产业化、集团化特征,犯罪链条长、层级多,办案人员应注意深挖彻查犯罪,确保打深打透,依法查明犯罪集团的组织架构、犯罪模式、人员情况和地位作用等,充分挖掘上下游犯罪线索,全面查明犯罪事实,发现遗漏犯罪嫌疑人或犯罪事实的,特别是遗漏隐藏幕后的"金主"或实际控制人员的,应当及时追捕追诉,依法从严惩处。

案例七　张某某、黄某某等人诈骗、偷越国(边)境案

【基本案情】

2019年初至2021年4月,"陈峰"(另案处理)在缅甸掸邦北部果敢自治区(下称果敢)老街"酒房"等地设立针对中国境内居民的电信网络诈骗犯罪窝点,以直营和代理的方式组建诈骗团伙,招揽人员冒充贷款公司工作人员通过微信等聊天软件、使用"招联金融"等虚假APP,以办理网络贷款需要缴纳"会员费""保证金"等为由,骗取中国境内被害人财物。

2019年7月至2020年12月,张某某、黄某某等6人先后偷渡至果敢。其中,张某某、黄某某及宁某某(另案处理)在湖北省天门市共谋,由张某某先行垫付偷渡费用并联系偷越国(边)境中介,三人在中介安排下共同乘车至云南省保山市并于2020年11月26日登记入住保山市某酒店。后在中介安排下,张某某带领黄某某、宁某某相互配合,共同偷渡至果敢,陆续加入"酒房"诈骗窝点。其中张某某担任业务组长,负责具体实施诈骗并协助管理组内业务员,黄某某、段某某等5人分别担任业务员、虚假APP后台管理员,通过网络实施诈骗。

经查,上述被告人一年内出境赴境外诈骗犯罪窝点累计时间均超过30日。其中,张某某、黄某某超过130日,段某某、凡某甲、苏某某超过90日,凡某乙超过60日。

【诉讼过程】

2021年1月20日,江苏省无锡市公安局新吴分局对本案立案侦查。2023年8月29日,公安机关以张某某、黄某某等6人涉嫌诈骗罪、偷越国(边)境罪移送审查起诉。2023年12月1日,无锡市新吴区人民检察院以张某某、黄某某等3人涉嫌诈骗罪、偷越国(边)境罪,以段某某等3人涉嫌诈骗罪提起公诉。

无锡市新吴区人民法院经依法审理,以诈骗罪、偷越国(边)境罪判处被告人张某某、黄某某等3人一年至六个月不等的有期徒刑,并处人民币五千元至一万元不等的罚金;以诈骗罪判处被告人段某某等3人七个月至六个月

不等的有期徒刑,并处人民币四千元至三千元不等的罚金。一审宣判后,各被告人均未提出上诉,判决生效。

【典型意义】

依法严惩偷渡出境从事电信网络诈骗的犯罪分子。境外电信网络诈骗犯罪集团往往打着高薪旗号招募大量人员从事拨打电话、聊天引流等工作,吸引人员前往"淘金",实则实施诈骗活动。部分境内人员明知境外电诈窝点实施诈骗等犯罪活动,仍贪图"高薪"前往,且为赴境外诈骗窝点、逃避边境检查,采取边境偷渡或虚构事由骗领出入境证件方式偷渡出境,对于此类行为,应当以诈骗罪、偷越国(边)境罪依法严惩,斩断为电诈集团输送电诈人员通道。

案例八　陈某某等人诈骗、偷越国(边)境案

【基本案情】

2018年至2022年间,王某某(另案处理)等人组织、纠集大量国内人员前往菲律宾搭建诈骗窝点,通过控制"UK""宝彩"等虚假网络赌博平台,以后台控制输赢等方式,针对境内居民实施电信网络诈骗。陈某某、钟某某于2018年至2019年间,多次出境参加上述犯罪团伙,分别担任"组长""代理组长",负责在网络上推广涉诈赌博网站、手机应用程序等,在诈骗窝点累计时间分别达9个月、7个月。另查明,陈某某在第二次出境时,钟某某在第二次、第三次出境时,均以旅游为由申领出入境证件,出境至菲律宾后即前往电信网络诈骗窝点。陈某某于2019年11月回国,因本案于2023年5月被公安机关抓获归案;钟某某于2020年1月回国,因本案于2023年5月自动投案。

【诉讼过程】

2023年4月25日,上海市公安局静安分局对本案立案侦查。2023年8月2日,静安分局以陈某某等人涉嫌诈骗罪、偷越国(边)境罪移送静安区人民检察院审查起诉。2023年8月29日,静安区人民检察院对陈某某、钟某某以诈骗罪、偷越国(边)境罪提起公诉。

2023年12月26日,静安区人民法院经依法审理,以诈骗罪、偷越国(边)境罪判处陈某某有期徒刑一年七个月,并处罚金人民币两万四千元;以

诈骗罪、偷越国（边）境罪判处钟某某有期徒刑一年八个月，并处罚金人民币二万六千元。现判决已生效。

【典型意义】

依法严惩以合法事由掩盖非法目的出境实施电诈的犯罪分子。对行为人以旅游、探亲、求学、务工、经商等虚假事由骗领出入境证件，出境后即前往电信网络诈骗犯罪窝点从事电信诈骗活动的，属于使用以虚假的出入境事由骗取的出入境证件出入国（边）境情形，应当认定为偷越国（边）境行为，构成偷越国（边）境罪的，依法定罪处罚。

案例九 唐某某诈骗案

【基本案情】

2020年9月底，唐某某赴缅北地区，在明知他人实施电信网络诈骗犯罪的情况下，先后加入多个电信网络诈骗窝点，纠集、组织境内"跑分"人员和"卡农"，为电信网络诈骗活动转移资金提供帮助，其行为关联赵某文等60名被害人，涉案金额人民币173万余元。2023年7、8月间，唐某某知道自己被我国公安机关通缉，在诈骗窝点多次向其户籍所在地派出所民警表达回国自首意愿。2023年10月份，唐某某步行4日至云南省临沧市南伞口岸，入境时被公安机关抓获归案。

【诉讼过程】

2021年5月7日，山东省五莲县公安局对本案立案侦查。2024年2月29日，五莲县公安局以唐某某涉嫌诈骗罪移送五莲县人民检察院审查起诉。2024年3月25日，五莲县人民检察院以唐某某犯诈骗罪起诉至五莲县人民法院。庭审期间，唐某某辩护人提出，唐某某在诈骗窝点被他人殴打，属于胁从犯，应当减轻处罚或者免除处罚。检察机关认为，唐某某积极为诈骗活动提供帮助，在窝点具有一定的人身、通讯自由，所受体罚并未达到被胁迫参加犯罪的程度，不宜认定为胁从犯。

2024年5月13日，五莲县人民法院作出一审判决，认定唐某某系自首，其在电诈窝点期间行动虽受部分限制，但所受限制系电诈窝点的管理要求，唐某某积极主动实施犯罪，不应认定为胁从犯，综合考虑其犯罪事实情节,以诈骗罪判处唐某某有期徒刑六年五个月,并处罚金人民币十五万元。唐某某未上诉,判决已生效。

【典型意义】

1. 全链条严惩电信网络诈骗"帮凶",最大限度铲除犯罪土壤。部分犯罪分子明知他人实施电信网络诈骗犯罪,仍为其提供资金转移、技术支持、引流推广等帮助,成为电信网络诈骗黑灰产业链的重要环节,持续为电诈犯罪"输血供粮",依法应予严惩。对于长时间内相对稳定地为电诈犯罪提供转移资金、技术支持、引流推广等帮助,已经形成稳定协作关系的,应当依法以诈骗罪共犯追究责任。

2. 依法准确认定胁从犯和自首情节,确保不枉不纵。行为人以在窝点被他人殴打为由辩解属胁从犯的,应注意审查判断被殴打的原因系未能完成窝点要求的诈骗"业绩"还是拒绝实施诈骗活动。行为人在诈骗窝点积极发挥作用,具有一定的人身、通讯自由,不属于受胁迫参加犯罪或者达不到胁迫程度的,不宜认定为胁从犯。对于在诈骗窝点期间即向公安机关联系投案,明知自己已经被通缉,仍主动前往口岸并提供真实身份信息入境,后被公安机关抓获,归案后如实供述全部犯罪事实的,依法应当认定自首,从宽处罚。

案例十 张某诈骗案

【基本案情】

2021年2月,张某在柬埔寨务工期间,经人介绍至西哈努克市某"工业园区"加入"财神"电诈集团,任业务员。该犯罪集团以境内女性群体为目标,通过朋友圈及微信群虚构成功男士形象,诱导被害人在集团控制的"金天利"虚假投资平台充值,骗取被害人钱款。张某加入该犯罪集团后,负责维护用于诈骗的微信号,并与被害人进行前期情感交流,待骗取被害人信任后交由其他同伙进一步实施诈骗。经查,该诈骗集团共有成员近200人,共骗取中国境内100余名被害人钱款约人民币1亿元。2021年10月,张某退出该诈骗集团,继续留在园区从事其他工作。2022年6月,张某回国后,公安机关根据前期掌握的犯罪线索将张某抓获。

【诉讼过程】

2021年11月3日,上海市公安局闵行分局对本案立案侦查。张某如实供述了其加入境外诈骗集团,负责养号引流、骗取被害人信任等犯罪事实,并提供了公安机关尚未掌握的该诈骗集团的主要架构分工、诈骗模式、行为特征、使用的诈骗APP平台名称、介绍人、部门主管身份等重要线索。2022年8月17日,闵行区人民检察院认为张某认罪悔罪态度较好,对其取保候审足以防止发生社会危险,对张某作出不批准逮捕决定。2022年8月29日,公安机关以张某涉嫌诈骗罪移送检察机关审查起诉。

2022年9月5日,闵行区人民检察院以诈骗罪对张某提起公诉。考虑到张某作为犯罪集团底层人员,能主动交代公安机关尚不掌握的犯罪集团相关情况,虽不构成立功,但为破获犯罪集团、抓捕犯罪集团主犯发挥一定作用,且认罪认罚、退缴违法所得,应当对其从宽处罚,遂向人民法院建议对其适用缓刑。2022年9月14日,闵行区人民法院经依法审理,认定张某犯诈骗罪,判处有期徒刑二年,缓刑二年,并处罚金人民币五千元。张某未上诉,判决已生效。

根据张某提供的线索,公安机关加大案件查办和边境防控力度,发挥认罪认罚从宽的示范效应,督促已到案的行为人主动提供涉犯罪集团线索材料。先后成功劝返多名在逃"财神"集团成员主动投案,抓获该诈骗集团成员70余人,其中包括三名集团首要分子,有力打击了跨国电信网络诈骗集团。

【典型意义】

在依法严惩跨境电信网络诈骗犯罪同时,对于为侦破案件、抓捕首要分子起到重要作用的人员,给政策、给出路,依法从宽处理。对跨境电信网络诈骗犯罪,办案机关要充分运用认罪认罚从宽制度,督促已到案的犯罪集团成员主动提供涉犯罪集团线索材料。对于提供办案机关尚未掌握的情况,为破获犯罪集团、抓捕犯罪集团主犯发挥重要作用的,依法认定立功,给予大幅度从宽处罚;或者虽不构成立功的,仍可以给予其较大幅度从宽处罚。